JN123646

パーソンセンタード・アプローチとオープンダイアローグ

対話・つながり・共に生きる

本山智敬
永野浩二
村山正治 編

遠見書房

カバー装画　平井牧子

はじめに

　本書は，パーソンセンタード・アプローチ（PCA）とは何かについて論じ，また，PCA とオープンダイアローグ（OD）やアンティシペーション・ダイアローグ（AD）との比較やデモンストレーションからそれらの共通点／相違点や具体例を提示し，筆者らがそれぞれに行なっている実践事例をまとめたものです。

ロジャーズと PCA

　読者の皆さんは PCA をどの程度ご存知でしょうか。名前は聞いたことがあるけれどもあまり詳しくは知らないという方も結構いらっしゃるのではないかと思います。

　PCA は「カウンセリング」という言葉を広めたカール・ロジャーズ Rogers, C.（1902-1987）が提唱しました。ロジャーズはクライエントセンタード・セラピー（クライエント中心療法）の創始者として有名ですが，1960 年代の後半以降は，個人セラピーよりもエンカウンター・グループ[1] を中心としたグループ・アプローチの実践と論文が多くなりました。日本では 1969 年に初の宿泊型のエンカウンター・グループが行われ，その翌年の 1970 年には人間関係研究会の発足と共に，全国公募のエンカウンター・グループが 10 日間という長さで開催されています。日本ではそれ以降エンカウンター・グループの実践と研究が盛んになりました。ロジャーズが PCA という言葉を好んで使うようになったのはその後，1970 年代の後半です。

転換期にある PCA

　ロジャーズが "Client-Centered Therapy" というタイトルの本を出版したのは 1951 年ですが，より有名なのは 1957 年に出された『セラピーによるパーソナリティ変化の必要にして十分な条件』という論文です。セラピーにおける必要十分条件として 6 つの条件が提示され，その中の 3 つの諸条件，つまり「一致（自己一致）」，「無条件の積極的関心（受容）」，「共

感的理解（共感）」が，セラピストの聴く態度，いわゆる「中核三条件」として注目されました（野島監修，本山・坂中・三國編著（2015）『ロジャーズの中核三条件　カウンセリングの本質を考える　一致／受容／共感的理解』三分冊，創元社，2015 を参照）。しかし，ロジャーズはここにとどまらず，この三条件の態度はセラピストとクライエントというセラピー関係でのみ重要なのではなく，人が人との関係を通して成長していく際に共通して重要な態度なのだと，自らの理論を発展させたのです。親と子，夫婦，教師と生徒，上司と部下，同僚，友人同士など，日常のあらゆる関係の中で人が成長する時，お互いに三条件の態度でかかわり合う関係こそが大事なのだ，と。そうした理論展開に合わせ，「クライエント」から「パーソン」へ，そして「セラピー」から「アプローチ」へと，その名称を変更しました。1980 年に出版された" A Way of Being"（邦題は『人間尊重の心理学──わが人生と思想を語る』）において，ロジャーズは PCA という言葉で自らの考えを論じています。

　現在，ロジャーズが日本に紹介されてからすでに 50 年以上が経ちました。クライエントセンタード・セラピーやエンカウンター・グループの実践と研究は今や下火になってきたという見方もあります。確かに，日本における PCA 関連の発行文献数は，2000 〜 2005 年をピークにその後は減少傾向にあります。しかし，そのことは必ずしも PCA の衰退を意味しているわけではないと筆者は考えています。今が転換期だと捉えると，ここで改めて PCA について，ロジャーズの引用だけでなく，自身のこれまでの実践経験をもとに私たちの視点から論じることが重要です。そして，私たちはこれから PCA を通して何を大事にし，何を実現していきたいのか。そうした問いに筆者らなりに答えていったのが本書です。

私たちのエンカウンター・グループ実践

　1968 年，全国的な大学紛争の中，村山正治と九州大学教養部の学生たちが集まってできたグループを母体として，1970 年に「福岡人間関係研究会」が発足しました。そして，その福岡人間関係研究会によって，同じく 1970 年より大分県の九重にある九重共同研修所・山の家で，長く「九重エンカウンター・グループ」が行われてきました。40 名の定員に，毎年いつも半年前くらいにはキャンセル待ちとなり，九重エンカウンター・グループは「日本におけるメッカ」と呼ばれたりもしました。筆者らは皆，そこで参加者として，あるいはファシリテーターとして，かけがえのない

体験を重ねてきたのです。そしてついに九重エンカウンター・グループは，2011 年の 12 月をもって，40 年以上の歴史に幕を閉じました。しかしながら，当時のスタッフ（ファシリテーター）であった筆者らはその後も毎年 12 月に由布院に集まり，それぞれの日々の関心や活動を語り合ってきました。お互いの夢を共有したりもするので，私たちはこの集まりを「ドリームプロジェクト（通称，ドリプロ）」と呼んでいます（詳細は第 3 部第 12 章を参照）。

OD/AD との出会い

ドリプロは今も続いており，筆者らはそこで多くの重要な体験をしてきましたが，その大きなものの一つは OD/AD との出会いです。筆者は所属大学の在外研究制度によって，2016 年の 9 月から 1 年間，海外で研究する機会を得たのですが，予定していたイギリスの大学での受け入れが難しくなり，出発から 1 年を切った時期にまだ行き先が決まっていないという事態にかなり焦っていました。そうした頃にちょうど開かれたドリプロの夕食の席で，村山正治先生から「最近知った OD というのが，どうも PCA の考え方と似ている」という話が出て，これまたタイミング良く，斎藤環氏の著書『オープンダイアローグとは何か？』（医学書院，2015）を高松里さんが持ってきていて，そこでみんなで語り合ったのです。それが，筆者らが OD を知るきっかけでした。その後筆者はイギリスのノッティンガム大学のデイビッド・マーフィー Murphy, D. 氏のもとで PCA を学ぶことになったのですが，引き続き OD にも関心を寄せていました。

幸運にも筆者は，イギリスへ出発する前に，OD の創始者であるヤーコ・セイックラ Seikkula, J. 氏とトム・アーンキル Arnkil, T. 氏の OD ワークショップ（2016 年 5 月，東京）に参加でき，それを機に，イギリスに行って間もない 9 月にフィンランドでの AD の視察研修にも参加することができました。そしてさらに，その時アテンドしてくださった村井美和子さんのご尽力によって，ドリプロメンバーとその仲間による，筆者にとっては 2 度目となるフィンランド視察研修，いわゆる「ドリプロ in フィンランド」が 2017 年の 8 月に実現したのです。筆者らは，ヘルシンキでトム・アーンキル氏の AD ワークショップを体験し，その後 AD を市をあげて実践しているロバニエミ市の取り組みを視察し，最後は OD 発祥の地であるケロプダス病院も訪問しました。研修中はフィンランド在住でムーミン研究家でもある森下圭子さんが通訳として帯同してくださり，通訳の素晴ら

しさだけでなく，フィンランドの社会制度や国民性などについての非常に
わかりやすい説明を受けて，筆者らの理解も深まりました（この場を借り
て，村井さんと森下さんに改めてお礼申し上げます）。

　この視察研修は筆者らにとって非常に刺激的な体験となり，それ以降
も福岡で4回にわたって OD セミナーを開いて参加者と共に学びを深め，
PCA と OD/AD とを比較したり，対話の意味について考えてきました。そ
れは筆者らにとっては PCA を再考する貴重な機会になりました。

　そしてもう一つ，本書を書く直接のきっかけとなったのは，DLG
（DiaLoGue）JAPAN 主催の Dialogue International Conference Online
（DICO：ダイアローグ国際会議オンライン）での発表です。筆者らはこの
カンファレンスに参加し，村山正治先生が考案した PCAGIP という PCA
の哲学に根ざした事例検討法を紹介したり，PCA のシンポジウムを行った
り，AD を用いたワークショップを行いました。その際は主催者である浅
井伸彦さん（一般社団法人国際心理支援協会）と片岡豊さん（NPO 法人ダ
イアローグ実践研究所）に大変お世話になりました。DICO では主に PCA
に馴染みの少ない方々に対して話をさせていただいたのですが，この時筆
者らには，私たちのメッセージが「伝わった」という手応えが感じられた
のです。筆者らがこれまで対話を大事にし，人とのつながりや共に生きる
場をつくろうと模索してきたことを，改めて広く伝えたいと思えた体験で
した。

　このようなプロセスを経て本書は作成されました。PCA や OD/AD を理
論的に説明するだけでなく，理論を背景とした筆者らの具体的な実践事例
からも何かしら伝わるものがあると嬉しいです。

本書の構成と特徴

　本書は大きく〈理論編〉と〈実践編〉，〈新しいコミュニティ創造の試み〉
の3部構成になっています。

　〈理論編〉では，まず第1章で筆者らが考える PCA についてまとめ，そ
の現代的意義や人間像について論じています。ロジャーズ理論のキーワー
ドを用いながらも，できる限り筆者らの言葉で説明することを意識しまし
た。人間像の素描では，実際にエンカウンター・グループを体験した人の
生の感想を基にまとめています。

　第3章から第5章は PCA と OD/AD との比較論です。この部分はすで
に発表した論文や書物がベースになっていますが，本書のために大幅な修

正を加えています。PCA については第 1 章で論じていますが, OD/AD を
あまりご存知でない読者も読みやすいように, 第 3 章では OD/AD の概
要についても簡潔にまとめています。OD/AD についてはすでに多くの書
物が出版されていますが, 本書での注目点や表現の仕方は, 他の書物とニ
ュアンスの違いがあるのではないかと思います。おそらくそれは筆者らが
PCA の立場から OD/AD を見ているからであり, 読者の皆さんも筆者ら
が OD/AD をどのように理解しているのかについても注目していただける
と幸いです。そして, PCA と OD/AD との共通点の検討からは, 対話に
おけるコモンファクター（共通因子）が浮かび上がってきます。PCA と
OD/AD という, 時代も場所も全く異なったところから生まれた対話のア
プローチにこれほど多くの共通点が見られるのは非常に興味深いです。ま
た両者の違いからは, お互いの特徴を活かした今後の対話の工夫について
の示唆が得られるものと思われます。第 5 章は, 筆者らのフィンランド研
修体験からの論考です。それぞれの記述を通して, PCA と OD/AD との交
わりから生まれた筆者らの学びを共有していただけたらと思います。

〈実践編〉では, 第 6 章から第 9 章で PCAGIP, そして第 10 章と第 11
では AD の実際のデモンストレーションを紹介しています。PCAGIP とは,
PCAG（PCA グループ）と IP（インシデント・プロセス）とを組み合わ
せた名称で, 全国各地のさまざまな領域で実践されている新しいアプロー
チです。筆者は PCAGIP と AD の哲学・方法に共通点を感じます。

AD のデモンストレーションからは,「PCA の実践家がどのような姿勢
で AD を行っているのか」に注目していただきたいと思います。筆者らは,
OD/AD の哲学を人とのつながりや共に生きるための対話にどう活かして
いくかという点に着目しています。

PCA や OD/AD の哲学を具体的な対話実践のあり方と共に理解してい
ただくために, 本書では動画や逐語資料をインターネット上に公開するこ
とにしました。PCAGIP に関しては, 最初に村山正治による理論的な解説
動画と村山尚子がファシリテーターを務めた筆者らによるデモンストレー
ションの動画, さらにその逐語録も収録しました。AD に関しても同様に,
動画と逐語録からその具体的プロセスが分かるように工夫しています。こ
れらはあくまでもデモンストレーションではありますが, 本書では文章と
映像の両面から PCAGIP と AD の実際を知ることができます。

そして〈新しいコミュニティの創造の試み〉では, 筆者らがそれぞれの
観点から試みている対話実践やコミュニティづくりについて取り上げてい

ます。第3部の内容は，筆者らが行なっている現在進行形のチャレンジであり，本書において最もPCA的な章になります。これらの実践事例は，実にさまざまな領域にわたっています。筆者らはPCAを現場に「適用する」という発想ではなく，PCAの哲学がベースにありながらも，実施者それぞれの価値観や周囲のニーズ等に応じて柔軟に実践していることがお分かりになると思います。「えっ，PCAって何でもアリなの？」と感じられるかもしれませんが，本書を最初からずっと読んでいくと，一見バラバラのように見えて，その根底に流れている哲学，イデオロギーは共通していることに気づいていただけるでしょう。

　最後に改めて本書の特徴をまとめると，以下のようになります。

1．「エッセンスモデル」という視点からのPCAの再検討
2．PCAとOD/ADの共通点と相違点の提示
3．PCAGIPとADのデモンストレーション
4．デモンストレーションの動画と逐語資料をインターネット上で公開
5．筆者らのさまざまな実践事例からの提案

　読者の皆さんがそれぞれの日常や職場の人間関係，あるいは対人支援の場などにおいて，対話や人とのつながりを重視し共に生きるコミュニティづくりにさまざまな形で取り組んでいこうとされる際に，本書が少しでも役立つことを祈っています。

編著者を代表して　**本山智敬**

注
1）　エンカウンター・グループとは，「出会いのグループ」という意味です。通常，数人から10人程度の参加者とファシリテーター（促進者）と呼ばれるスタッフで構成されます。期間中は，ゆったりとした時間の流れの中で，あらかじめ話題を決めない自由な話し合いを中心に過ごしながら，お互いを尊重し，自分の可能性を安心して育てていけるような生き方や人間関係を探求していきます（人間関係研究会のHPより）。

目　次

第1部　理論編

第1章

パーソンセンタード・アプローチとは何か

7つのエッセンス

本山智敬

I．はじめに

　パーソンセンタード・アプローチ（Person-Centered Approarch：以下，PCA）とは，カウンセリングで有名なロジャーズによる，人間理解や人の成長，あるいは対話やかかわりの姿勢についての基本哲学（理念や考え方），およびそれらに基づく活動の総称です。ロジャーズといえばセラピストの三条件の基本的態度（中核三条件）としての「一致（自己一致）」「無条件の積極的関心（受容）」「共感的理解」が有名で，日本でもさまざまな書物が出版されています（例えば，本山ら編による三分冊，2015；諸富，2021など）。その一方で，1970年代の後半からロジャーズが好んで用いるようになった「PCA」は，それほど浸透していないように思われます。

　ロジャーズは「私はどうしたら援助的でいられるだろうか "How can I be of help?"」という問いを常に考え続けた人です。先程の三条件は，それを具現化するための態度であるともいえます。つまり，この三条件の態度を真に理解するためには，それらが提唱された背景にある理念にさかのぼって理解する必要があるのです。その理念がまさにPCAです。

　しかしながらPCAの理念がそれほど浸透していないことの理由はいくつかあります。一つは，PCAについての書物の多くは専門家向けに書かれていて内容が難解であることです。もう一つは，PCAの理念そのものが，「PCAとはこういうものです」と端的に説明することができないような性質を持っていることにあります。

　海外ではロジャーズの理論からの発展が見られる中で，日本ではPCAをロジャーズの言葉だけで説明することがまだまだ多いように思われます。

今後の PCA の発展を考えると，PCA の研究者や実践家が自らの臨床経験を通して PCA を改めて自分の言葉で表現し，相互に交流していくことがますます重要になってくるでしょう。

Ⅱ．PCA はカテゴリー化できない

　PCA を代表するキーワードはいくつかありますが，それらを並べたからといって PCA が十分に説明できるわけではありません。また，「PCA はこうです」と言ってしまうと，その瞬間から他の重要な何かがこぼれ落ちてしまうような感覚があります。PCA は，人間理解や人と人とのかかわりについての考え方の統合体であるからです。

　そうした点を踏まえ，本稿では「PCA はそもそもカテゴリー化することができない」ということを前提としたいと思います。PCA と PCA でないものとを明確に区別するような，狭義の意味での定義化は，PCA を説明する上では相応しくないのではないかということです。PCA は，本書の別の章でも紹介するオープンダイアローグ（Open Dialogues：以下，OD）やアンティシペーション・ダイアローグ（Anticipation Dialogues：以下 AD）といった北欧での対話のアプローチとも共通した理念を持っています。PCA の理念は PCA に唯一のものであるとはいえません。では PCA とはそもそも実態のないものなのかといえば決してそうではなく，ロジャーズの人間理解を基盤として，心理療法や対人支援の分野，そしてその後も広く社会変革へのインパクトを与えながら，常に発展し続けてきました。

　ではそれらをどのように理解すればよいのか。本稿では，まず PCA の基本仮説を提示し，その仮説を基盤としたより具体的な理念をいくつかの「エッセンス」として捉える方法を取ることにしました。筆者の視点から，これらを PCA の「エッセンスモデル」と呼ぶことにします。

Ⅲ．PCA の基本仮説

　まず，PCA の基本仮説は以下のようにいうことができます。

　　個人は自分自身の中に，自分を理解し，自己概念や態度を変え，自発的に行動していくための大きな資源を持っており，成長促進的な態度が提供されるとこれらの資源が活用され始める（Rogers, 1980：

村山，2014 を参考に筆者が訳出）。

　つまり，人が何らかの不適応状態にあるなど困った事態を抱えている時，その状態を理解し変化を生み出していくための資源は，すでにその人自身の中にあるのだということです。ここでは，何かしらの知識やスキルを与えないとその人は変わっていけないとは捉えていません。その人が持っている資源は，今は何らかの理由で活用できない状態にあるかもしれないが，ある条件が整えばそれが働き始めるのだ，という発想です。その時の「成長促進的な態度」があの三条件の態度を指していることは言うまでもありません。

　この仮説にはまた，人が持つ「自己成長力」への信頼が見て取れます。ロジャーズは「実現傾向」という言葉でそれを説明しています（Rogers, 1959）。ロジャーズは「私はどうしたらその人を変えられるのか」ではなく，「その人の自己成長力が発揮されるために，私はその人とどのようにかかわるとよいだろうか」という視点で常に考えています。ロジャーズ理論が「How to do（Doing：方法）」ではなく「How to be（Being：態度）」として捉えられる理由がここにあります。

　人へのまなざし，人間理解のあり方はさまざまであり，決して一つではありませんが，PCA にはこのような人間観が基盤にあると言えます。

IV. PCA の 7 つのエッセンス

　本稿では PCA を「エッセンスモデル」として説明したいと思います。ここでは，PCA を 7 つのエッセンスで表してみました（表 1 参照）。

　誤解のないように補足しておきますと，この 7 つのエッセンスで PCA を完全に説明しているわけではありませんし，これら全てを持ち合わせていないと PCA ではないということでもありません。あくまでも「PCA をい

表 1　PCA の 7 つのエッセンス

1.	個人の尊重
2.	操作から理解へ
3.	「関係」の重視
4.	それぞれの「私」を生きる
5.	個人の体験へのまなざし
6.	「今ここで」のプロセス
7.	共創：共に生きる

くつかのエッセンスとして捉えたらこのように表現できるのではないか」
という，筆者自身の臨床経験に基づく仮説です。また，ここで述べる関係
は，主にカウンセリングにおける援助関係やエンカウンター・グループで
のグループ体験を念頭に置いていますが，日常生活におけるさまざまな人
間関係にも通ずるところがあります。
　それでは，その一つひとつを見ていくことにしましょう。

1. 個人の尊重

　PCA のエッセンスとして何よりもまず「個人の尊重」が挙げられます。
これはまさに，先の基本仮説に直接結びつく PCA の大事なエッセンスで
す。

> PCA は，あらゆる有機体に備わっている実現傾向，つまり成長し，
> 発展し，その可能性を十分に実現しようとする傾向を基盤にしてい
> る。この在り方は，より複雑で完全な発達に向かおうとする，人間
> の建設的な，方向性のある流れを信頼するものである。(Rogers,
> 1959；大石訳，2011)。

　人間が持つこのような「実現傾向」を信頼した個人への尊重が PCA の
基盤にあります。一人ひとりは，無条件にかけがえのない存在なのです。
　PCA の問いの一つに，「その人が自分らしく生きるにはどうしたらいい
か」という問いがあります。この問いでは，そもそも「自分らしさ」とい
うものをどう捉えるかをはっきりさせておく必要がありますが，ここでは
「自分らしさ」を「その人が『自由』であること」と理解したいと思いま
す。ここでいう「自由」とは，一般にいう「束縛がない」「外圧がかからな
い」という意味ではなく，哲学者であるスピノザ Spinoza, B. のいう「自
由」，つまり「その人の本質が妨げられないでいる状態」あるいは「本質に
従って力が発揮されている状態」と定義したいと思います。
　これまで PCA では，外圧からの解放という意味合いで「自由」が語られ
る傾向がありました。しかし，外部との関係からだけではその人の「自分
らしさ」を十分に説明することはできません。「自由」をこのようにスピノ
ザ哲学から再定義し，「自分らしさ＝自由であること＝その人の本質が妨げ
られず，それにしたがってその人の力が発揮されること」と捉えると，実
現傾向を基盤にした「個人の尊重」の意味，そしてそれが目指すところが

より明確になると考えます。

2．操作から理解へ

　このような意味合いで個人を尊重しようとする時には，周囲の者がその人の目標を設定し客観的に良いと思われる方向に変えていくのではなく，その人が本来持つ，建設的で方向性を備えた流れ（上記でいうところのその人の「本質」）を理解しようとするところから始まります。この「操作ではなく理解」という考え方が PCA の２つめのエッセンスです。

　この点については，山本（1995）を参考にして「操作モデル」と「理解モデル」を対比してみると分かりやすくなります（表２参照）。

　「操作モデル」とは，現代の医学モデルに代表されるように，問題の原因を見つけ，それを解決するために客観的に実証された方法で対処し，問題を解消あるいは軽減するといった考え方です。それに対して「理解モデル」は，本人が問題としていることがらをめぐって本人の中では何が起こっているのか，本人にとってのその主観的な意味を理解しようとする考え方です。PCA では決して「操作モデル」を否定するものではありませんし，「あなたは何も変わる必要はない，今のままでいい」と言いたいわけでもありません。手術が必要な体の病気に対して「理解モデル」で共感されるだけで何も対処してもらえないのでは困ります。しかし，心理的な問題に対しては客観的に原因を特定しにくいことが多く，本人もどう対処していいか分からずにいることがあります。客観的に良いと思われる解決方法を探る前にまずはこの状態を一緒に理解していこうとする，つまり，本人が置かれている世界にこちらが参入し，共に考えていこうとするのです。本人にとっては「自分の話を聴いてもらえた」という体験が，変化の重要な契機となることがあります。本人が，他者が自分を理解しようとしてくれてい

表2　「操作モデル」と「理解モデル」

操作モデル	理解モデル
客観的	主観的
主・客の分離	参加
コントロール	意味の理解
原因と結果	プロセス
方法（Doing）	態度（Being）
能動態 - 受動態	中動態

山本（1995）を参考に筆者が作成

ると実感することによって，その人が本来持っている力が発揮されやすくなるのだと思われます。

補足：PCA と中動態

　ちなみに，「操作モデル」では操作「する」側と「される」側の双方が想定されています。現代は「能動−受動」で行為を捉える世界ですので，当然のことです。しかし，近年「中動態」という概念が注目されています。古代ギリシャにおいては「能動態−受動態」の対ではなく，「能動態−中動態」の対で人の行為を捉えていたのです。そうした中動態の世界でのものの見方（パースペクティブ）が今改めて見直されています（國分, 2017）。

　かつての中動態の世界にはそもそも「意志」という概念はなく，現代の裁判に代表されるような「意志ある行為には責任を取らなければいけない」という発想もありません。言語学的には，「中動態」には「される」という受動態と「なる」という自動詞表現（現在は能動態に含まれる）が同居しており，そこからも分かるように，中動態の世界ではそれは私が「した」のか「された」のかという視点で物事を捉えてはいないのです。その代わり，「能動−中動」のものの見方では，その行為が行為者の外側で完遂するのか，行為者の内側で行われているのかという視点で物事を捉えています。中動態というのは後者，つまり行為者の内的プロセスに注目したものの見方です。「人を好きになる」や「畏敬の念を抱く」などは全て中動態で表される行為です。

　現代の「能動−受動」のものの見方では「する」か「される」かが問題となるのに対し，「能動−中動」のものの見方，その中での中動態の世界とは，何らかの外的な影響を受けつつも自分の中で生まれる「〜になる」という内的動きに目を向ける世界です。例えば「人を好きになる」という行為を「能動−受動」のものの見方で捉えると，その人を好きになった理由を「その人が優しかったから」とか「趣味が合ったから」など，自分が影響を受けた外的なことがらによって説明するのが一般的でしょう。しかしながら実際は，同じ人と出会ってもその人を好きになる人もいればそうでない人もいますし，同じ好きでもその質は人によってさまざまです。「その人を好きになった時に，自分の中でどのような心の動きが起こっているのだろう」と考えていくのが中動態のものの見方です。

　PCA における「理解モデル」とは，支援者が何かを「する」ことに注力せずに本人の体験の主観的意味や内的プロセスを理解しようとするわけで

すから，まさに中動態のものの見方です。「操作モデル」と「理解モデル」は，そもそも同じ水準で比較できるものではなく，両者は前提となるものの見方（パースペクティブ）が異なるのだといえます。

3.「関係」の重視

　PCA では，本人が持っている力が発揮されやすくなる環境として，成長促進的な「人間関係」を想定しています。カウンセリングでの一対一の人間関係や，エンカウンター・グループといった集団の人間関係などがそうです。先に示した通り，ロジャーズは「カウンセリングでのクライエントとの関係の中で，セラピストである私はどうしたら援助的でいられるだろうか」，あるいは「グループの中で，ファシリテーターである私は促進的な人間であることができるだろうか」を問い続けてきました。それは，「他者との間にいかにして成長促進的な関係を築いていくか」という，「関係」を重視した問いです。

　ロジャーズが自身の面接を振り返る時，自分がどんな働きかけをしたかではなく，クライエントとの関係の中で，クライエントや自分はそこで何を体験していたのかという言及が多いのが印象的です。そして，次のようにも言っています。

　　セラピストが他の人に与えうる最大のものは，最小ではなく最大のことは，その人の感情に別の人間として，喜んで寄り添って歩んでいくことだということをおわかりいただきたいと思います。…（中略）…そのセラピーで，その個人が経験することは…（中略）…愛されているという経験だと言ってもよいと思います。彼女はその瞬間，まぎれもなくそれを経験していたのです（Rogers, 1955；畠瀬ら訳, 2007）。

　PCA は，このように常に「関係」に注目し，それを大事にしています。私たちが援助について考える際に，その援助に効果的な技法やマニュアルを取り入れようとしがちですが，仮に技法を用いたとしても実際にそれがうまくいくかどうかは，そこで作られている「関係」に左右されることは言うまでもありません。

　また，ロジャーズは後に「プレゼンス（presence）」という言葉を使って，このように言っています。

　私が何をしようと，それがそのままで十分に治療的になってい
るように思われる。そんなときには，私がそこに存在している
（presence）というだけで，クライエントにとって解放的であり，
援助的になっているのである（Rogers, 1986；中田訳, 2001）。

　「何かをする」という以前に，私が「そこに存在している」ということ，
それ自体がすでに援助的な場合があると言うのです。「プレゼンス」に関し
ては，その後もシュミッド Schmid, P. F. (2002) の論考があります。シ
ュミッドのいうプレゼンスとは，「現在その瞬間において他者を『ひと』と
して知覚し，また自分自身も『ひと』として存在すること」です（山根ら，
2021）。「『ひと』として存在する」とは，相手との関係の中で「私」を生
きるということであり，お互いが接触し続けること，つまり双方向の対話，
かかわりによって実現されるものなのです。

4．それぞれの「私」を生きる

　では，ここでいう「私」を生きるとはどういうことでしょうか。PCA で
は先のように「『ひと』として存在する」とか，「自分自身になる」という
表現を使うことがありますが，これも抽象的で分かりにくいところがあり
ます。ここでは，その人の人生という広い意味ではなく，今，目の前にい
る相手とのかかわりの中で「私」を生きる，ということについて考えたい
と思います。
　これは決して，支援する側（聴き手）が自分の役割や立場，専門性を脱
ぎ捨てて生身の人として相手とかかわるということではありません。支援
者が，話をしている本人の体験を理解しようとするだけでなく，話を聴い
ている今の自分自身の体験にも目を向けようとする姿勢のことを言ってい
ます。これは，三条件の基本的態度の中の「一致（自己一致）」の態度で
もあります。支援者自身も，本人の話に感動したり，悲しみに襲われたり，
イライラしたり，あるいはこの先の自分の支援について不安を抱いたり，
自分自身の中にさまざまな感情が動きます。そうした感情を全て本人に伝
えるわけではありませんが，ロジャーズは，セラピストが少なくともそう
した自分の気持ちを正直に受け止めていることが結果的に援助につながる
ことを，自身の経験を通して述べています（Rogers, 1961）。支援者のそ
うした正直な態度が本人に伝わって，本人も自身の体験に次第に正直に目
を向けるようになるのです。それがここで言う「それぞれの『私』を生き

る」ということです。このようにお互いがそれぞれの「私」を生き，交流することが，成長促進的な人間関係の土台になるのです。

　ここで注目したいのは，本人が自分に正直に向き合えるように支援者が直接働きかけているわけではないという点です。支援者は，常に本人との関係の中で自分に正直であろうとしていて，その姿勢が本人に伝わり，結果として本人自身の中に自分に正直に向き合おうとする動きが生まれてくる。このような支援者と本人がそれぞれの「私」を生きる交流，対話というものは，まさに先述した「中動態」的なかかわりです。

5．個人の体験へのまなざし

　これまで読んでお分かりのように，PCA では個人の内的体験を大事にしています。私たちの体験には，具体的で客観的な出来事（エピソード）としての事実もあります。私たちは時に，具体的な出来事については語れても，その時に自分がどのような気持ちでいたのか，その出来事は自分にとってどんな意味があるのか，それらを十分に言葉にして表現することは難しいものです。だからこそ人は自分の体験を他者に語りながら確認し，より正確な言葉を見つけて理解を深めていこうとするのだと思います。

　ロジャーズの共同研究者の一人でもある哲学者のユージン・ジェンドリン Gendlin, E. は，自身の体験過程理論を基盤としてフォーカシングを考案しました。フォーカシングではまさに個人の主観的な内的体験に触れていくことを目的としており，客観的な出来事（事実）の部分は詳しく語らなくても進めていけるのが特徴です。出来事（事実）については，例えば「友人関係のこと」とか「昨日の仕事でのこと」というように，単に名前をつけるだけでいいのです。そのことを思い浮かべている時に，どんな感じが湧き起こってくるのか，その感じは自分に何を伝えようとしているのか，それらを聴き手（リスナー）とのやりとりを通して言葉で言い表していくのがフォーカシングです。池見（2022）は，まだ言葉になっていない体験を丁寧に言い表していくには「関係，すなわち相互作用が不可欠である」と述べています。

　ロジャーズは，この「体験過程」の概念を自身の理論の中に取り入れていきました。この「体験過程」の考え方は，実際にフォーカシングを実践するかどうかにかかわらず，PCA の根底にあるといえます。ロジャーズのいう「その人の感情に別の人間として，喜んで寄り添って歩んでいくこと」は，その人の「体験過程」に寄り添っていこうとする姿勢に他なりません。

　その姿勢は，ロジャーズの三条件の基本的態度における「無条件の積極的関心（Unconditional Positive Regard）」でもあります。中田（2013）はこの "Regard" を「眼差し」と訳しました。筆者はこれを踏まえて，この態度をひらがな表記で「無条件のあたたかいまなざし」と表現したいと思います。こうした個人の体験への無条件のあたたかいまなざしが支援者から本人へと向けられると，本人は次第に自分自身に対して，無条件のあたたかいまなざしを向けるようになっていくのです。本人の中に生まれるこうした態度を，ロジャーズは "Unconditional Positive Self Regard" と呼んでいます（Rogers, 1959）。

6．「今ここで」のプロセス

　ロジャーズが "here and now"（今ここ）と呼んだこの概念は，決して常に「今ここで」感じていることを語らないといけないということではありませんし，過去や未来について語ることは意味がないと言っているわけでもありません。この概念の中核には，「私たちは常に流動的で変化し続けるプロセスの中に生きているのだ」という考えがあります。この「プロセスを生きる」という発想が，PCA の重要なエッセンスであると筆者は考えています。

　プロセスを生きようとすると，おのずと「今ここ」が浮かび上がってきます。人と人との関係も流動的なので，今この瞬間の関係を大事にしようとします。先述した「自分らしさ」というものも，「自分らしくなれたかどうか」と固定的な結果から捉えるのではなく，かかわり合っている今この瞬間にその人が自由になっていく流動的なプロセスを通して感じるものです。このように PCA は常にプロセスの視点でものごとを見ているのです。

　人を理解するということについて，「ロジャーズの三条件の態度で話を聴くなど到底できるものではない」，「あれは仙人にしかできないことだ」といった話を耳にすることがあります。しかし，この三条件の態度も同様にプロセスの視点で捉えるべきで，ある局面だけを切り取って「自分は正確に理解できたかどうか」「ちゃんと受容・共感できたかどうか」を吟味することではないのです。他者のことはどこまでいっても完全に理解することはできないのだという考えが前提にあり，だからこそ私たちはいつまでもその人を理解しようとし続けることができるのです。つまり，共感的理解とは「相手を共感的に理解しようとし続けること」であると言えます。「理解できたか／できなかったか」という一時点の結果で判断するようなもの

ではないのです。先述の「体験過程（experiencing）」も時々刻々と動いているものなので，それへのまなざしも常に進行形です。

このようなプロセスの視点は，自分に対しても他者に対しても，ある時点での一側面から限定的に評価するのではなく，人は常に「生成のプロセス（process of becoming）」（Rogers, 1961）にある存在であると捉えようとする，一つの人間観であるとも言えます。

7．共創：共に生きる

村山（2012）は，エンカウンター・グループの体験から「共創モデル」を提唱しています。ここでの共創とは，「共に協力し合って何かを行う」こと以上の意味があります。筆者自身，これまでPCAのエッセンスとして示してきたような，1）個人を尊重しようとすること，2）相手を操作するのではなく理解しようとすること，3）相手との関係を重視する中で，4）自分に正直であろうとし，5）その人の体験にあたたかいまなざしを向けようとすること，そして，6）自分や相手を常に変化し続けるプロセスに生きる存在として捉えること，このような姿勢でいるとおのずと共創の関係が生まれてくるのを，経験的に感じています。

共創は，それぞれの「私」を生きる関係を通して浮かび上がってくる，他者と「共に生きている」というつながりの感覚でもあります。この感覚は，一対一の関係であっても，集団であっても，そこにかかわる人たちを元気にさせる重要な要素です。

共創が生まれてくる関係を筆者は図1のように表してみました。このように共創というのは，作ろうと思って意図的に作るものではなく，両者の間に作られてきた関係の中から結果的に生まれてくるものだと言えます。

カウンセリングにおいて筆者が担当しているクライエントのほとんどの方は，筆者から何かしてもらったことで改善したとはおそらく思っていません。しかし，上述のような関係が両者の間に作られることで，クライエントと筆者，お互いの中にその時間を共に生きているという感覚が生まれ，それが治療的に働いていると考えられます。

これは治療関係だけでなく，筆者が所属している大学での講義や，時折中学校や高校に出向いて行うエンカウンター・グループの授業などでもそうです。授業の中に上述のようなエッセンスが含まれると，受講生の表情は和らぎ，自発的で肯定的な学びが生まれてきます。こうした学びは私だけの努力で作ったのではなく，受講生との関係によってもたらされた共創

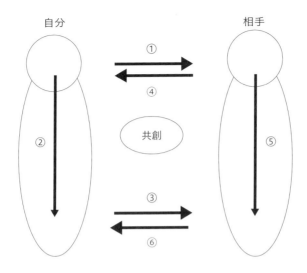

①相手を理解しようとする，あたたかいまなざし
②同時に，自分自身に正直であろうとする
③そうした心の動きが相手に伝わる
④相手からこちらに対する理解やあたたかいまなざし
⑤相手が次第に自分自身の内面にあたたかいまなざしを向ける
⑥そうしたまなざしがこちらにも伝わってくる
→結果として，両者の関係の中に共創が生まれる

図1　共創が生まれるときの関係

です。

　共創はまさに中動態的であり，筆者とクライエントや受講生との間には
「治療する」「教える」側と「治療を受ける」「教えられる」側とに明確に分
けられない関係が作られています。「する」側と「される」側という分断が
ない関係の中で，おのずと「共に生きる」「共に学ぶ」という感覚が生まれ
てくるのです。

　PCAの7つ目のエッセンスとして挙げたこの共創，「共に生きる」とい
う感覚は，それまでの6つのエッセンスが大事にされる中で，結果として
立ち現れてくるものです。そう考えると，共創はそこにある人間関係の中
にPCAのエッセンスが生きている時の一つの指標になるのではないかと
思われます。

V．おわりに

　本稿では PCA を基本仮説と 7 つのエッセンスとして記述しましたが，全体を通してみると，これらはそれぞれが独立して存在するのではなく，お互いにつながり合っていることが分かります。その軸にある基本仮説については多くの PCA の研究者，実践家の間で共有されていますが，エッセンスをどう表現するかは人によって異なるでしょうし，むしろそうあるべきです。

　さらに，PCA はそのエッセンスを実践と結びつけて考えることが不可欠です。そういう観点から，本書では第 2 部でデモンストレーションの動画を公開し，第 3 部で筆者らの実際の活動を紹介しています。読者の皆さんには，こうした実践からも PCA のエッセンスをさらに感じ取っていただけると幸いです。

　　　文　　献

池見陽（2022）体験過程モデル—あるフォーカシング・セッションから言い表される論考．人間性心理学研究，39（2）；131-141.

飯長喜一郎監，坂中正義・三國牧子・本山智敬編著（2015）ロジャーズの中核三条件：受容：無条件の積極的関心—カウンセリングの本質を考える 2．創元社.

國分功一郎（2017）中動態の世界—意志と責任の考古学．医学書院.

村山正治監修，本山智敬・坂中正義・三國牧子編著（2015）ロジャーズの中核三条件：一致—カウンセリングの本質を考える 1．創元社.

村山正治（2014）PCA グループの理論と実際．In：村山正治編：「自分らしさ」を認める PCA グループ入門—新しいエンカウンターグループ法．創元社.

村山正治（2012）心理臨床について語る—教育，研究，心理臨床．In：村山正治・中田行重編：新しい事例検討法　PCAGIP 入門—パーソン・センタード・アプローチの視点から．創元社.

諸富祥彦（2021）カール・ロジャーズ—カウンセリングの原点．角川選書.

野島一彦監修，三國牧子・本山智敬・坂中正義編著（2015）ロジャーズの中核三条件：共感的理解—カウンセリングの本質を考える 3．創元社.

中田行重（2013）Rogers の中核条件に向けてのセラピストの内的努力．心理臨床学研究，30（6）；865-876.

Rogers（1955）The Case of Mrs Mun. Audiotape, copyrighted by the American Academy of Psychotherapists.（畠瀬稔監修，加藤久子・東口千津子共訳（2007）ロジャーズのカウンセリング（個人セラピー）の実際．コスモスライブラリー．）

Rogers, C. R.（1959）A Theory of Therapy, Personality and Interpersonal relationships, as developed in the client-centered framework. In: Koch, S. (Ed.), Psychology: A Study of A Science, Vol.3. McGraw-Hill, pp.184-256.（大石英史訳（2011）クライエント・センタードの枠組みから発展したセラピー，パー

ソナリティ，人間関係の理論．In：伊東博・村山正治監訳：ロジャーズ選集（上）．
誠信書房，pp. 286-313.）

Rogers, C. R.（1961）：This is Me. In: On Becoming a Person: A Therapist's View of
Psychotherapy. Houghton Mifflin Company, pp.3-27.（村山正治訳（2001）私
を語る．In：伊東博・村山正治監訳：ロジャーズ選集（上）．誠信書房，pp.7-31.）

Rogers, C. R.（1980）：A Way of Being. Houghton Mifflin Company.（畠瀬直子監訳
（1984）人間尊重の心理学―わが人生と思想を語る．創元社.）

Rogers, C. R.（1986）A client-centered／person-centered approach to therapy.
In: Kutash, I. & Wolf, A.（eds.）Psychotherapist's Casebook. Jossey-Bass,
pp.197-208.（中田行重訳（2001）クライエント・センタード／パーソン・センタ
ード・アプローチ．In：伊東博・村山正治監訳：ロジャーズ選集（上）．誠信書房，
pp.162-185.）

Schmid, P. F.（2002）Presence：Im-media-te co-experiencing and co-responding.
Phenomenological, dialogical and ethical perspectives on contact and
perception in person-centred therapy and beyond. In: Wyatt, G. and
Sanders, P.（Eds.）, Rogers' Therapeutic Conditions Evolution, Theory and
Practice. Volume 4: Contact and Perception. Ross-on-Wye, PCCS Books, pp.
182-203.

山本和郎（1995）序に変えて．In：村山正治・山本和郎編：スクールカウンセラー―そ
の理論と展望．ミネルヴァ書房，pp. 1-10.

山根倫也・並木崇浩・白﨑愛里ら（2021）パーソン・センタード・アプローチにおける
「出会いの関係」から考えるプレゼンス― Schmid の論文から学ぶⅣ．関西大学心
理臨床センター紀要，12；105-115.

第2章

自分自身になるコミュニティ

福岡人間関係研究会の活動を中心に

村山正治

Ⅰ．現代は人類史的にも大転換期

　現在さまざまな角度から新しいパラダイムの提案，現状認識のための理論が提出されています。資本主義の行き詰まり，気候変動の結果，地球全体が壊れてしまうという仮説など，枚挙にいとまがないほどです。

　こうしたたなかで，「心理臨床家としての私は何をしてきたのだろうか」「私に何ができるのだろうか？」「私のできることは何だろうか？」この問いの中で私の中で浮かんできたのは，仲間と共に50年間，実践してきた福岡人間関係研究会（以後，福人研）の創設と活動なのです。

Ⅱ．福人研の誕生

　1968年の全国的大学紛争の渦中に，米空母エンタープライズ号佐世保入港阻止活動で九州大学教養部が全国から集まった運動家たちに占拠されてしまったのです。その時私は教養部心理助教授・キャンパスカウンセラーとして勤務していました。村山ゼミでは『ロジャーズ全集〈第12巻〉』（村山正治編訳，1967）の「人間論」をテキストにしていました。参加者は全共闘系の学生たちで，医・文・法・教育の学生たちでした。討議の結果，学生たちはゼミメンバーを中心として福人研を創設しました（村山，2015）（「はじめに」を参照）。

　その理念は，①自分分自身を含めて一人ひとりの意見が尊重され，生かされるような組織や社会の探索，②一人ひとりが自分の持つ可能性を発展させられる組織や社会の創造，③カウンセリングのような学問は専門家だけでなく，草の根運動として市民と共に行っていくものにしたい，という

3点にあります。私はこの活動からさまざまなことを学んできています。

　今回は①エンカウンター・グループ体験から生まれてきた人間像，②自発的なネットワークの2点を中心に報告します。村山尚子（2010）が九重エンカウンター・グループ参加者の感想をまとめた報告を基に仮説化しています。

1．PCA のエンカウンター・グループ体験から生まれてくる人間像素描 ──自分自身になるプロセス

①エンカウンター・グループの場は楽に自然に呼吸できる場である：我々の日常がいかに呼吸しにくい場になっているかということがうかがえる。

②自分の悪いところだけでなく良いところも受容し感じとれるようになった：自己肯定感の醸成。

③困ったときなど人を頼ってもいいのだ，他人を頼ることを自分に許せる：他者への信頼感の育成。

④自分のこころに感じていた怒り，不満などさまざまな気持ちが本気で湧いてくるようになった：自分自身の生の感じに触れる機会。

⑤こころが軽くなる。こころが軟らかくなる：「ねばならない」というさまざまなこころの縛りから解放される。

⑥"問題"は解決しないが，苦しいけど状況に対応していくことができる自分がいる：どうにもならない現実と付き合えるヒントを得る。

⑦苦しみながら，辛いけど，何かが生まれてくるのを待てるようになる，焦らなくなる：今日でいう「ネガティブ・ケイパビリティ」（箒木，2017）の養成とも表現できる。

⑧自分と異なる考えや生き方をそのまま受け止めることの難しさとともに光が見えてくる：他人と自分との相異。人は皆違っているし，違っていいのだという他人受容の体験。

⑨ちょっと迷ってみようという安心感：日本文化の中では，迷うことが許されない傾向がある。ここが緩んでくる。

2．新しい人間像：自分自身になるプロセスの日本社会における現代的意義

　社会学者である日高六郎によると，日本では太平洋戦争以前は「滅私奉公」が社会基準でした。これは国家のために自分を捨てて頑張るという「特攻精神」に象徴されます。戦後米国文化のインパクトで新憲法が施行され，個人一人ひとりが尊重され，戦争放棄の規定も明示されました。概念的に

は日本の社会に個人を尊重する基盤が形成されました。

　しかし日高は戦後の輸入されたこの個人主義からは「滅公奉私」という言葉で象徴される傾向が生まれてきていると指摘します。つまり，徹底した利己主義の傾向を生み出し，自己の幸福のみを追求する動きが顕著になっています。私は，この2つの傾向を統合する方向がEG的人間関係，つまり「バラバラで一緒」が生まれると感じています。これからも仲間たちとともに，この方向で生きていきたいと思っています。

Ⅲ．福人研コミュニティの運営原則

福人研コミュニティには以下のような運営原則があります。

　①意志決定のプロセスを大切にする場
　②個人が自分自身の体験過程に触れていく場
　③相異を尊重する場
　④模索
　⑤自己確認とつながりの場
　⑥人間関係の政治
　⑦エンカウンター・グループ体験と日常性のつながり・ネットワーク活動
　⑧治さない，抱えながら生きる，ありのままの自分でいられる場

Ⅳ．地域に根ざしたネットワークの誕生と生成

　エンカウンター・グループ体験を通じて生まれてくるネットワークについては，私は1981年にすでに指摘しました（村山，1993）。J・リップナックとJ・スタンプス（1984）はネットワーキングを「ある目標あるいは価値を共有している人々のあいだで，既存の組織への所属とか，職業上の立場とか，居住する地域とかの差異や制約をはるかに超えて，人間的な連帯をつくりあげていく活動」と定義しています。エンカウンター・グループ体験を契機にネットワークができていくパターンは次のような過程として記述できます。

1．過　　程

エンカウンター・グループを数回経験した人が，コ・ファシリテーター

として参加する。さらに自分の地域にもどって地域のメンバーを募って月
例会を開いたり，ワークショップを開いたり，通信を発行したりする。こ
うして，1つの独立したネットワークが活動を始める。私がこれまで関係
してきただけでも，福岡人間関係研究会，佐賀人間関係研究会，甘木人間
関係研究会，静岡人間関係研究会，久留米ホットラインディスカッション，
有田自分自身でいられる会（MEG），月曜会，グループ臨床研究会などが
あります（図1参照）。

2．ネットワークの核は一人ひとりのメンバー

ネットワーキングの特徴の一つは，核が一人ひとりの個人であることに
あります。

3．ネットワーク間は対等の関係

ネットワーク間の関係は，支部，本部というような関係ではなく対等で
す。また，競争より共同，連帯に重点がおかれます。この点，学会など一
定の会員資格を前提とする専門家の集団とは異なります。エンカウンター・
グループ運動が他のグループ，例えば，リーダーの資格を規定する交流分
析，Tグループなどと基本的に異なるところです。一人ひとりが核となり，
主役であると考える点こそ草の根運動として根付いてきた理由です。

4．模　　　索

もう一つ忘れてはならないことは，これからの活動がいつも原点にもど
りながら，模索していく過程を大切にしているところです。こうした活動
の魅力は完成されたものではなく，流動的であり，変化するものであり，
たえざる相互フィードバックによって前進していきます。したがって，自
発的で自由な人の存在が前提となります。

5．リーダーシップの分散

安部恒久（2006）も指摘していますが，エンカウンター・グループのフ
ァシリテーターはリーダーの持っているリーダーシップをそのグループ・
プロセスを通じて，できるだけメンバーに委譲しようとします。そのこと
はグループの中で「メンバーになる」とか「メンバー分の1の責任」とい
った形で表現されています。しかし，このことは，ファシリテーターのリ
ーダーシップを放棄するものではなく，リーダーシップをリーダーだけに

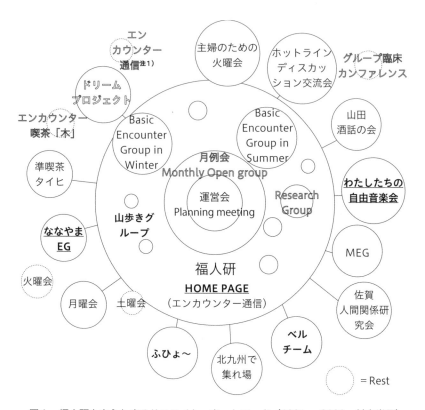

図1　福人研を中心とするサテライト・ネットワーク（1991〜2022，村山尚子）

※1：2010年10月で「エンカウンター通信」の発行は終了し「福岡人間関係研究会ホームページ」を新設しました。西博司氏の尽力の賜です。

※2：図に太字で記しているのは近年誕生して活動しているネットワークグループ名です。

※3：2020年からコロナ感染予防対策で月例会や他のグループはオンラインミーティングや人数制限などの工夫をして活動を続けています。「わたしたちの自由音楽会」はまだ休止中です。

集中しないことを意味します。リーダーに集中しないことでリーダーが権威化することを避けることができます。かつて，私はグループ体験の中で体験者たちにとってリーダーの印象が薄いことにびっくりしたことを述べたことがあります。しかし，このように理解すると，この状況がよく分かります。具体的に言えば，グループの中でファシリテーターだけがメンバーを理解し，援助する行為を独占しようとしない。ファシリテーターはメンバーが他のメンバーを理解し，援助しようとする行為を引き出すようにつとめる，いわば相互援助の経験なのです。

　私は，ファシリテーターはジェンドリン（1968）が体験過程グループの中で述べているリーダーの2つの機能として，①メンバーの所属感を確保すること，②攻撃されている人やスケープゴート化するメンバーをサポートすること，この2つの機能を十分果たすだけでよいと指摘してきました。

V．おわりに

　私は「21世紀はPCA，OD/AD共に対話を通じた社会変革の時代であり，一人ひとりが自分らしく生きていく社会を創造していくこと」であると感じています。
　これまでの福岡人間関係研究会活動がその1つのモデルを提供してきていると思います。平和と民主主義に向けた私と仲間たちのアプローチの一端を述べさせていただきました。

文　　　献

安部恒久（2006）エンカウンター・グループ —仲間関係のファシリテーション．九州大学出版会．

Gendlin, E. & Beede, J.（1968）Experiential groups: Instructions for groups. In: Gazda, G. M.（Ed.）Innovation to Group Psychotherapy. Charles C Thomas.（小野修訳（1972）体験グループ—グループのためのインストラクション．人間関係研究会, 5.）

帚木蓬生（2017）ネガティブ・ケイパビリティ—答えの出ない事態に耐える力．朝日選書．

広井良典（2009）コミュニティを問いなおす—つながり・都市・日本社会の未来．ちくま新書．

Lipsnack, J. & Stamps, J.（1982）Networking. Row Bernsterin Agency.（社会開発統計研究所訳（1984）ネットワーキング—ヨコ型情報社会への潮流．プレジデント社.）

村山正治（1993）エンカウンター・グループとコミュニティ．ナカニシヤ出版．

村山尚子（2010）福岡人間関係研究会のコミュニティ・エンカウンター通信．400号記念特集．

村山正治（2014）ロジャースをめぐって［オンデマンド版］—臨床を生きる発想と方法．金剛出版．

村山正治（2015）福岡人間関係研究会・あるパーソン・センタードコミュニティの創設・展開・活動から学んできたこと—21世紀における人間・組織・リーダー・コミュニケーションのあり方に示唆するもの．In：伊藤直文編，村山正治・平木典子・村瀬嘉代子著：心理臨床講義．金剛出版．

村山正治（2021）スクールカウンセリングの新しいパラダイム—パーソンセンタード・アプローチ，PCAGIP，オープンダイアローグ．遠見書房．

第 3 章

パーソンセンタード・アプローチと
オープンダイアローグの出会い

対話の本質とは何か

本山智敬

I．オープンダイアローグとは何か

　OD は 1980 年代にフィンランド，西ラップランド地方のケロプダス病院において，急性期の精神病患者に対する早期介入アプローチとして始まりました。ケロプダス病院では 24 時間体制で電話を受け付けており，緊急時には基本的に 24 時間以内に治療チームが患者のもとに出向いて治療ミーティングを行います。日本の病院では新規受付が可能な日時を伝えて患者に来院してもらうのが通常ですから，これだけでも異例です。しかしそれだけでなく，行った先では本人や家族はもちろん，地域の支援者や本人と関係する友人なども含め，あらゆる人たちに入ってもらい，投薬を含めた全ての重要な治療方針を，当事者を含めた皆で一緒に話し合いながら決めていきます。当事者のいないところで専門家のみで話をしたりせず，時には，本人を前にして専門家が話をしているところを本人たちに聞いてもらいます。この方法は「リフレクティング」（Andersen, 1995）と呼ばれています。

　一般的に急性期の精神病患者に対しては，薬物治療や入院治療が選択されます。妄想や幻覚が現れるなど，神経が高ぶっている患者に落ち着いてもらい，刺激の少ない場所で静かに過ごしてもらうためです。しかし，OD では本人をはじめ，その家族や専門家を含む，その場にいる一人ひとりと，今この場での対話を丁寧に，必要に応じて繰り返し続けていきます。当然，薬物治療や入院治療を行うこともありますが，それらが決して第一選択ではないのです。

　OD を経験した患者には，投薬や入院を中心とした従来の治療と比べて入院期間の短縮や服薬量の減少がみられたり，その後の再発率が抑えられたりと，驚くべきさまざまな治療効果が見られました。こうした効果はどのような対話によってもたらされているのでしょうか。

　ケロプダス病院のスタッフたちが皆口を揃えて語り，筆者らの印象に残ったのは，「OD は技法ではなく，イデオロギー（思想，考え方）である」という言葉です。PCA を通して方法（Doing）よりも態度（Being）の重要性について考えてきた私たちにとって，この言葉の持つ意味は大きく，とても刺激を受けています。日本おいて OD を一過性の流行に終わらせず，しっかりと根付いていかせるためには，まさにこのイデオロギーをどう理解するかにかかっていると思われます。

II．OD における3つの「詩学」

　OD は，先のリフレクティング・プロセス（Andersen, 1995）の他にも，ナラティヴ・セラピーやバフチンの対話理論など，複数の理論的背景を持っています。OD の特徴は「7つの原則」（表1）や「対話実践の12の基本要素」（表2）としてまとめられており（Olson, et al., 2014），これらはオープンダイアローグ・ネットワーク・ジャパン（ODNJP）が出した「OD 対話実践のガイドライン」に解説付きで紹介されています（ODNJP, 2018）。こうした OD の原則や基本要素を「こうすべき」「こうすべきでない」という形で理解すると，ややもすればその本質が抜け落ちてしまう可能性があるでしょう。本書では，ここに挙げられている項目の中で，特に「3つの詩学」（Seikkula & Olson, 2003）と呼ばれているもの，つまり，1）不確実性への耐性，2）対話主義，3）ポリフォニーについて，まとめたいと思います。

1．不確実性への耐性

　「不確かさに耐える」（ODNJP, 2018）とも表現されているこの言葉が指すものの中核を，トム・アーンキル氏は次のように端的に述べています。

　　ダイアローグにおいて重要なのは，近道をして苦しみから逃れようとしないことと，他の人を変えたいという思いを避けることである（Arnkil, 2018a）。

表1　ODの7つの原則

原則	意味
1．即時対応	必要に応じてただちの対応する
2．社会的ネットワークの視点を持つ	クライエント，家族，つながりのある人々を皆，治療ミーティングに招く
3．柔軟性と機動性	その時々のニーズに合わせて，どこででも，何にでも，柔軟に対応する
4．責任を持つこと	治療チームは必要な支援全体に責任を持って関わる
5．心理的連続性	クライエントをよく知っている同じ治療チームが，最初からずっと続けて対応する
6．不確実性に耐える	答えのない不確かな状況に耐える
7．対話主義	対話を続けることを目的とし，多様な声に耳を傾け続ける

出典：Olson, M., Seikkula, J., & Ziedonis, D. (2014) ／ ODNJP 訳（2018）

表2　ODの対話実践の12の基本要素

1．本人のことは本人のいないところでは決めない
2．答えのない不確かな状況に耐える
3．治療ミーティングを継続的に担当する2人（あるいはそれ以上）のスタッフを選ぶ
4．クライエント，家族，つながりのある人々を，最初から治療ミーティングに招く
5．治療ミーティングを「開かれた質問」からはじめる
6．クライエントの語りのすべてに耳を傾け，応答する
7．対話の場で今まさに起きていることに焦点を当てる
8．さまざまな物の見方を尊重し，多様な視点を引き出す（多声性：ポリフォニー）
9．対話の場では，お互いの人間関係をめぐる反応や気持ちを大切に扱う
10．一見問題に見える言動であっても，"病気"のせいにせず，困難な状況への"自然な""意味のある"反応であるととらえて対応する
11．症状を報告してもらうのではなく，クライエントの言葉や物語に耳を傾ける
12．治療ミーティングでは，スタッフ同士が，参加者たちの語りを聞いて心が動かされたこと，浮かんできたイメージ，アイデアなどを，参加者の前で話し合う時間を取る

出典：Olson, M., Seikkula, J., & Ziedonis, D. (2014) ／ ODNJP 訳（2018）

　これは「事態を操作することから体験を共有することへ」（Seikkula &
Arnkil, 2016）という，支援に関する重要なパラダイムシフトであると
も言えます。私たちは，この先どうなっていくのか，その不安に耐えられ
なくなった時に，結論を急いだり，アドバイスや従来のやり方に当てはめ
たりして，つい相手をこちらが思うように変えたいと思ってしまうのでは
ないでしょうか。しかし，OD によるネットワーク・ミーティングでは，
その問題にまつわる体験を，当事者ネットワークと治療者ネットワークが
共有しようとするのです。治療者たちが自身の専門性をもってネットワー
ク・ミーティングに参画し，本人や家族，地域の支援者たちと共に語り合
う中で，元々当事者たちが持っていた支援のネットワークが再構築され，
次第に自分たちの困難な問題を自らが主体的に考えていく。このように，
そこにいる全ての人の相互作用によって共に歩みながら変化していくこと
を「共進化（co-evolution）」と呼んでいます（Arnkil, 1991；Seikkula,
1991）。この共進化の過程においては，答えを性急に求めたり相手を操作
しようとせず，皆でその不確かさと共にいる姿勢が不可欠なのです。

2．対話主義

　このように不確かさに耐え，そこにいる全員が共にこの状況を生きてい
くためには，何度もミーティングをすることと，対話の質を高めることが
重要とされています。OD の基本姿勢は，モノローグ（一人語り）をダイ
アローグ（対話）にしていくことです。つまり，目指す方向は，精神病的
な発話や幻聴，幻覚にとどまっている特異な体験に，共有可能な言語表現
をもたらすことにあります（Seikkula & Olson, 2003）。

　クライエントの言葉は，最初は他者と共有することが難しいモノローグ
的な言葉であるかもしれません。しかし，他者がその言葉を丁寧に聴くこ
と，そしてクライエントを含めた皆で対話を繰り返すことによって，はじ
めてクライエントの言葉がミハイル・バフチン Bakhtin, M. のいう「生き
た言葉」（Bakhtin, 1993）として他者と共有されます。それは，「言語を
絶した経験」（斎藤, 2015）の中でこの世界から隔絶されたように感じて
いるクライエントが，再び社会とつながるための契機となるのです。

　OD は，クライエントの問題の「変化」や「改善」，「治癒」を直接の目
的としていません。またここでの対話は，これらを目的とした「手段」で
もありません。クライエントの言葉が「生きた言葉」として他者と共有可
能な言語表現となるためには，その場にダイアローグが成立する空間を作

る必要があります。このダイアローグの空間を生み出すことが実は非常に難しいのですが，「生きた言葉」が話し手と聴き手の「あいだ」に生まれるとすれば，まずはその場にいる一人ひとりの話を丁寧に聴くところから始めなければなりません。つまり，OD においては「対話すること」それ自体が目的なのです。

3．ポリフォニー

　このように OD では，「未だ言葉を持たない経験に新たな共有言語を生み出すこと」（Seikkula & Arnkil，2016）を重視し，当事者が再び社会（ネットワーク）の中で生きていけるように支援します。そこで目指すのは，このネットワークの「全ての参加者が，それぞれのやり方で会話に参加」（斎藤，2015）できるようにすることです。

　そこで重要なキーワードとなるのが「ポリフォニー」です。ポリフォニーは本来音楽用語であり，「多声性」とも言われます。バフチンがドストエフスキーの詩学の特徴について論じた際に用いたポリフォニーは，「小説の中に含まれるあまたの意識や声が一つに溶け合うことなく，それぞれれっきとした価値をもち，各自の独自性を保っている状態」（大澤，2018）を指しています。

　OD では，話をまとめコンセンサスを得ることを目標とせず，そこで多様な表現が生み出されることを大切にしています。OD の治療スタッフたちは一様に，「人の意見は違っていて当然だ。どこまで話し合いをしても，正確に一致することはない」と言います。むしろ，異なった意見が表明されるところから，ポジティブな変化は生まれてくるのだと。

　また，ポリフォニーには「水平的ポリフォニー」と「垂直的ポリフォニー」の 2 つがあります（Seikkula & Arnkil，2016）。そこにいる全ての参加者の意見を引き出そうとするのが「水平的ポリフォニー」で，その瞬間の自分自身の内なる声に耳をかたむけるのが「垂直的ポリフォニー」です。つまり，それぞれが話すことで外的ポリフォニーの場を作ろうとすると共に，他者の話を聴くことを通して各自の内的ポリフォニー（内的対話）を実現させようとしているのです。

　これまで OD における 3 つの詩学についてそれぞれ検討してきましたが，改めて言えるのは，これら一つひとつが単独で成り立つのではなく，互いに関連しあってダイアローグの空間が作られるということです。モノローグをダイアローグにする，つまり，まだ言葉にならない経験が共有可

能な言語表現となって理解されていくためには，早急に結論を導いたり相手を説得したりするのではなく，その先の不確かさに耐えながら辛抱強く対話を重ねていくこと，そして，その場にいる一人ひとりの声が大事にされ，それぞれが平等に語り合える空間を作り出すことが重要なのです。

III. アンティシペーション・ダイアローグ

　日本では OD が注目されていますが，実は北欧のダイアローグは OD 以外に「早期ダイアローグ」（Early Dialogues）と「アンティシペーション・ダイアローグ」（Anticipation Dialogues, 以下 AD）があります。いずれも，先のトム・アーンキル氏によって OD と同じ対話の思想を持ちながら発展してきたダイアローグです。早期ダイアローグについては後ほど触れるとして，ここでは AD について簡単に紹介します。AD の詳細については Arnkil（2018b）を参照してください。

　OD が急性期の精神病患者など何らかの危機的状況にある当事者の支援として行われるのに対して，AD はさまざまな支援での他職種間の連携を強めたり，組織内のメンバーとの対話を促進するなど，より広いダイアローグの場において用いられています。支援者の心配ごとが大きい，複数の支援者による連携がうまくいっていない，自分たちの組織をより良いものにしたい，といった場合に，支援者や組織のメンバーの一人が AD を要請し，外部のファシリテーターを入れてミーティングを行うのです。

　筆者らは，フィンランド視察研修の際にトム・アーンキル氏から直接 AD を学び，また AD の実践の場として，サンタクロース村で有名なロバニエミ市に足を運んで，その活動の様子を見せてもらいました（永野ら，2018）。ロバニエミ市では，市の職員が「ネットワーク・コーディネーター」として働いていて，市民を対象にファシリテーター養成講座を開いて，登録制のファシリテーターを育てます。市に対して依頼があると，ネットワーク・コーディネーターを中心にミーティングへの準備が始まり，その後，市に登録されているファシリテーターから数名が出向いて行きます。筆者が同席した事例としては，研究機関のチームづくり，公立病院での組織改革，あるいはもっと大きなミーティングでは，西ラップランド地方のリーダーたちが集まっての政治的な話し合いなどです。

　AD は「未来語りのダイアローグ」とも呼ばれています。その名の通り，未来について取り上げるのですが，そのやり方がとてもユニークです。話

表3　AD での質問内容

当事者に対して
1　一年が過ぎました。そして皆さんはとてもいい状況にいます。 　それはどんな状況ですか？ 　中でも特にいいなと感じるのはどんなことですか？
2　何が良かったのでしょうか。あなたはどんなことをしましたか？ 　誰が何をしてあなたを助けてくれましたか？
3　一年前はあなたは何を心配していましたか？ 　何があなた の心配を和らげてくれましたか？ 　あなたはその心配を和らげるために何をしましたか？
それぞれの支援者に対して
1　一年が過ぎて，当事者の皆さんはお聞きのようないい状態です。 　それに対してあなたはどんな支援やサポートをしたのでしょうか？ 　誰がどのように，あなたの支援を助けてくれましたか？
2　一年前はあなたはどのようなことを心配していましたか？ 　何があなたの心配を和らげてくれましたか？

題（あるいは問題）となっているテーマに関し，当事者を含めて，まずは今回取り上げる具体的な事柄を決めます。そして，そのことがうまくいっている未来（例えば1年後）に皆で行ってみるのです。実際に1年後に皆で集まったと仮定します。そのことを AD では「未来に飛ぶ」と呼んでいます。その上で，当事者と各支援者一人ひとりに対して，表3のような質問をしていきます。話し合われた内容はホワイトボードなどに皆で共有できる形で記録されます。そして最後は再び現在に戻って，出てきたアイデアを元に今後に向けての具体的な計画を立てるのです。

　AD ではこうしたユニークなやり方が注目されがちですが，必ずしも「未来に飛ぶ」ことが AD の本質ではありません。ここでは大事な視点を2つ紹介します。

　1つ目は「参加者一人ひとりが率直に自分を語れる場になることを目指す」という点です。AD のミーティングの依頼者はおおむね組織内の誰か，もしくは支援者の中の一人ですが，ミーティングの開始はまずその人に対して「（組織のこと，あるいは当事者への支援に関して）今あなたが心配していることは何ですか」という問いから始まります。「今こういう問題が起きているから心配だ」ではなく，「その人自身の心配ごと」として語られることがポイントです。これはなかなか難しいことで，事前の準備の中でネ

ットワーク・コーディネーターと依頼者との間で「早期ダイアローグ」を
行い，依頼者が自分の言葉で語れるようにしたりすることもあります。お
そらく，依頼者の言葉から感じられる率直さが他の参加者に伝わり，その
場を誠実な対話へといざなっていくのだろうと思われます。

　もう1つは「未来に飛ぶ」ことの意味です。なぜそのようなことをする
のかというと，私たちは問題について関係者間でフラットに語ることがと
ても難しいからです。例えば，Aさんが「このことについて問題がある」
と言い，それに対して関係者のBさんが腹を立てた時，このコミュニケー
ションの背景には，「Aさんが上の立場からBさんに改善すべきだと言っ
ている」といったニュアンスが含まれています。このことをトム・アーン
キル氏は「メタ・コミュニケーション」として扱います。そうした対話の
難しさを軽減するために，話し手が私の心配ごととして語ったり，皆で未
来に飛んだりするのです。未来の視点から語ると「解決のための行動」へ
の語り口が変わり，解決策をより話し合いやすくなります（斎藤，2018）。
現在の視点から「あなたがそれをすべきだ」と語るよりも，良い状況が生
まれている未来の視点から「あなたがそれをしてくれた（だから良い状況
が生まれた）」と言った方が，言われる側は上から目線で言われたようには
感じにくいわけです。このように「未来に飛ぶ」とは，お互いの関係をフ
ラットにして，現状やこれからの計画について皆で協力して語り合いやす
くするための一つの工夫なのです。

　最後に余談ですが，ロバニエミ市のADのサービスに関する市民向けの
パンフレットにはこう記してあります。

　　私たちは難しいことをすぐにします。でも，奇跡を起こすには，少
　　し時間がかかります。

　そこには，すぐに解決するとは限らないけれども，まずは難しいことを
一緒に話し合っていきましょう，という姿勢が伺えます。ある時，なぜ未
来を語るのかについて質問した際に，ファシリテーターの1人からは，「冬
が近づくと一面に雪が積もり，また暖かくなると緑が一斉に芽吹いてきて，
そういった中で自分がどうしているかを考えることは，素敵なことですよ
ね」という返事が返ってきました。また，ネットワーク・コーディネー
ターの方は，自分がADをするようになって，「今苦しい状況にあっても，そ
れは明るい未来へのプロセスにあるという見方が持てるようになった」と

語っていました。AD とは，ムーミンや森を愛するフィンランドの人たちが，単に「どうしたら解決できるか」だけを考えているのではなく，このようなより広い視点から行っている取り組みなんだと感じ，じーんときたことを覚えています。

IV．OD と PCA の共通点

　OD と PCA との間には多くの共通点があります。ここでは特に「エンパワメント」「プロセス」「共創」の 3 点を取り上げます。

1．エンパワメントと愛の感覚

　Seikkula と Arnkil（2016）は，OD が目指すダイアローグは「クライエントの自律性と独立性を高めることをめざす心理社会的支援であり，現代の大きな潮流の一つ」であると述べた上で，そこにあるのは「エンパワメント」であるとしました。ここでいうエンパワメントとは，「クライエントが自らを助けることを支援すること」です。そこには，「クライエントは本来，自らを助けるための力を備えているのだ」という人間観が見て取れます。これは，第 1 章で取り上げた PCA の基本仮説（Rogers, 1980）にも通じるものです。両者ともこうしたクライエントの力が引き出される場としてのダイアローグの空間を生み出そうとしており，PCA での傾聴における「中核三条件」や OD の「3 つの詩学」は，そのための思想や態度であるといえます。クライエントをこちらが望むような方向に変えようとするのではなく，質の高いダイアローグの空間を生み出すことにより，クライエントが「その空間（関係）を用いて」成長していくのです。

　興味深いのは，クライエントがエンパワメントされる瞬間のことを，OD も PCA も共に「愛」という言葉を用いて表現している点です。OD ではこの愛の感覚を「意味を共有する世界に参加したことで生ずる，身体レベルの反応のこと」（Seikkula & Arnkil, 2016）としています。一方ロジャーズは，ミスマンとのセラピー場面を振り返る中で，セラピストが他の人に与えうる最大のものは「その人の感情に別の人間として，喜んで寄り添って歩んでいくこと」であり，それはクライエントの経験としては「愛されているという経験」であると述べています（畠瀬監修, 2007）。ロジャーズが「所有欲のない感情」とも表現しているように，OD と PCA がここで示している愛は，いわゆる恋愛感情とは別の感覚です。ダイアローグが成立

している人間関係の中で人の変化が生じる瞬間は，この愛の感覚が一つの指標になるとしています（Seikkula & Trimble, 2005）。このような愛の感覚への言及から改めて理解できるのは，ODとPCAは共に，人の成長・変化が生じる契機として，援助者から当事者への一方向的な「方法（やり方）」ではなく，援助者と当事者，双方向のかかわりから生まれる「関係」を大事にしているということです。

2．プロセスの重視：今この瞬間の関係を大切にする

ODでは，対話を変化や治癒のための手段にせず，対話することそれ自体を目的としています。対話に参加している者同士が「意味」を共有し，そこで交わされる言葉を「生きた言葉」にしていくには，当然ながら「今」発せられている言葉を丁寧に聴くところから始まります。ヤーコ・セイックラ氏とトム・アーンキル氏の著書『Open Dialogues and Anticipations』（Seikkula & Arnkil, 2014；邦題は『開かれた対話と未来——今この瞬間に他者を思いやる』斎藤環監訳, 2019）には，'Respecting Otherness in the Present Moment'（邦題では「今この瞬間に他者を思いやる」）というサブタイトルが付けられているのも興味深いところです。

PCAに「プロセス」を重視した見方があることは，すでに第1章でお伝えしました。こうしたプロセス重視の考え方がODにもあるのは明らかです。クライエントを尊重するということは，クライエントと援助者である自分とが共にしている今この瞬間の関係に身を置くことであり，それはPCAとODの両方に共通したエッセンスです。筆者は，このプロセス重視の対話を実現する上では，「不確実性への耐性」が大きくかかわっていると考えています。結論を急いだり相手を操作したりせず，その状況の不確かさに耐えることができてこそ，今この瞬間に起こっているクライエントと援助者の体験に目を向け，それらの体験から離れることなく語り合い，意味を共有することができるのです。今この瞬間に相手を思いやることは，クライエントと援助者の両者が「不確かさを共に生きる」ことによって実現するのだといえます。

3．共創：援助関係における対等性

共創は，第1章のPCAのエッセンスの一つとして取り上げました。ODにおいても，治療者ネットワークがその専門性をもって当事者ネットワークとかかわり，治療者ネットワークと当事者ネットワークとの共同体が生

まれることで，元々ある当事者ネットワークのありように影響を与える（ネットワークが再構築される）という流れが想定されています。まさに「共進化」のプロセスです。そこでは，治療者も当事者も，共に変化していく，あるいは共に創っていく存在なのです。

　援助者と当事者との間にこのような共創や共進化が生まれるためには，両者の関係ができる限り対等である必要があります。しかしながら，先述のように，どのような関係にも力関係は存在します。ましてや援助関係において，援助する者と援助される者との間にある力関係を完全になくすことはできません。それでは，ここでの対等性はどのようにして生み出されるのでしょうか。

　援助者は専門性を持って当事者に会うのであり，対等であろうとすることは決して専門性を捨て去ることではありません。その点は高木（2016）も指摘しているところです。「一人の人として会う」，あるいは「専門性という鎧を脱ぐ」という表現が用いられることがありますが，それは援助者が自らの専門性を捨てて素人になるということを意味しません。そうではなく，増井（1994）が「相互一人称化の過程」として示したように，援助者が専門家として，その場で「私」を生きるということです。援助者が当事者の前で「私」を生きることにより，当事者も一人称としての「私」を提示しやすくなります。援助者がその場で感じていることを大事にしつつ，自らも変化していくことを恐れることなく当事者の前にいる時，当事者の一人称化はさらに深まる。PCAでは，そうした相互一人称化の過程が，援助関係での対等性を生み出していくと考えられます。

　やはりODにも同様の発想があります。トム・アーンキル氏が提唱する「早期ダイアローグ」（Early Dialogue）がそれです。早期ダイアローグはODやADを行う際の基盤となるダイアローグの姿勢，考え方でもあり，その中核には "taking up one's worries"（自分の心配ごとを取り上げる）というものがあります（Arnkil & Erikson, 2009）。それは，援助者が自らの援助に関して何らかの心配や不安，懸念を抱いた時に，それを自らの心配事として当事者に表明し，当事者にその心配を低減するための協力を依頼するというものです。援助者が当時者に対して，私を助けてほしいと伝えるのです。その際のポイントは，「自分と乖離した事柄（客観的または他人事）として，二人称，三人称で語るのではなく，あくまでも自分と関連する（切り離せない），自分のこと（自分事）として，『私は』を主語として一人称で語る」（白木，2018）という点にあります。これは実際にや

ってみると非常に難しいことが分かります。その援助に関して「私」が心配を抱いているのに，私たちはつい「うまくいっていない状況」や「あなたのこと」が心配だと伝え，結果的に援助における力関係（上下関係）を強調してしまいがちです。このように，taking up one's worries とは，まさに相互一人称化のプロセスを促進し，援助において対等な関係を築くための一つの工夫だといえます。

　このように，援助関係における対等性とは，援助者が自身の専門性を放棄することではなく，当事者との関係の中で「私」を生きるということです。専門家である援助者と当事者，それぞれの「私」が交流することを通して，真の意味での共創が生まれるのです。

Ⅴ．相違点──個人モデルとネットワークモデル

　このように PCA と OD には多くの共通点がある一方で，相違点も見受けられます。

　PCA には「多様性（異質性）の共存」という哲学があり，村山（2014）はこのことを「バラバラで一緒」と表現しています。グループが強固に団結して一つの価値観にまとまるよりも，「連体感」を重視し，互いの違いについて認め合い，ゆるやかなつながりを目指す考え方です。これは，「個人の尊重」という PCA のもう一つの哲学とも呼応します。それは集団の中で一人ひとりがその人自身として認められることであり，長年エンカウンター・グループが大事にしてきた視点でもあります。

　また，この哲学においては，個々人の「多様性（ダイバーシティ／diversity)」を認めると共に，それらが「共存」することを目指しています。今注目されている概念に「インクルージョン（inclusion)」があり，「包含，包括，包摂」などと訳されますが，ここではこの概念を「共存・共生」と捉えることができるでしょう。組織開発の分野では早くから「ダイバーシティ＆インクルージョン」という考え方が広く取り入れられていますが，そこでは「多様性（ダイバーシティ)」を唱えるだけでは真の意味での多様性は実現できず，そこに「共存・共生（インクルージョン)」への取り組みが不可欠であることが指摘されています。

　このように考えてみると，PCA と OD は，まさにこの「ダイバーシティ＆インクルージョン」を目指すアプローチであると言えます。その上で，両者にはその強調点に違いがあります。

　PCA では，他者との相互作用を通して「個の成長」を重視しています。PCA では，第 1 章でも紹介したように，集団の中に埋没しがちな個人に光を当て，そのかけがえのない個人が自分らしく生きるにはどうしたらいいのかを考えてきました。PCA の哲学を持ったグループ・アプローチであるエンカウンター・グループは，近年では「PCA グループ」としても研究と実践が行われていますが，それは「集団になじめない個人を集団に適応させようとする」のではなく，「『私の時代』に生きる人たちのパーソナルパワーを解放することを目指した活動」（村山，2014）です。つまり，PCA における強調点は「個人」であるといえます。

　一方，OD はダイアローグの空間を作ることを通して，当事者を含むネットワークの生成を目指しています。実際には当事者個人に何らかの変化がもたらされることは効果研究によって明らかにされていますが，それはあくまでも結果であって，OD の目的は対話することそれ自体にあります。さらに注目すべきは，急性期の精神病患者への早期介入のアプローチとして始まったこの OD は，ケロプダス病院における治療アプローチにとどまらず，今やこの地域の精神医療の「サービス提供システム」になっているという点です（ODNJP, 2018）。この地域では精神科は雲の上の存在ではなく身近なものであり，ケロプダス病院はコミュニティをまとめる存在でもあるといいます（NHK, 2017）。つまり，OD における強調点は「ネットワーク」であると考えられます。

　このように，PCA と OD は対話によって多様性の共存を目指すという点で共通していますが，その実現に向けての強調点は「個人の成長」と「ネットワークの生成」という違いがあり，そこには今後も検討すべきそれぞれの特徴が見いだせます。

VI.　さいごに——対話をどう捉えていくのか

　ここでは，OD とその哲学を紹介し，PCA との共通点と相違点を論じることで，対話についての検討を試みました。現在の PCA は，心理療法における古典，もしくはセラピストの誰もが当然持つべき基本的態度として捉えられるあまり，その詳細が語られることなく，表面的に理解されています。しかし，今こうして OD が世界的に注目されているのは，多くの支援者や当事者が，未だ十分に語り尽くされていない「対話それ自体が持つ可能性」を感じ取っているからではないでしょうか。OD 実践者の中には，

ダイアローグの空間を作るためには自らの聴く態度が重要であるとして，
PCA の哲学や理論に注目している人もいます。PCA の実践と研究を行う
筆者としては，OD や AD との出会いを通して，対話というものをどのよ
うに捉え，そして日々の対話実践の中で何を実現していきたいのか，改め
て問い直す機会となっています。

＊　本稿は，『人間性心理学研究』第 37 巻第 1 号に掲載された論文（本山，2019）を
　　もとに，大幅に加筆修正をおこなったものです。

文　　　献

Arnkil, T. E. (1991) Social work and the systems of boundary. Suggestions for
　　conceptual work. Arnkil, T. E. Keita muita tassa on nukana. Viisi artikkelia
　　verkostoista, 97-120. Sosiaali-ja terveyshallitus. Raportteja 23. Helsinki:
　　VAPK-kustannus.

Andersen, T. (1995) Reflecting Processes: Acts of informing and forming. In: S.
　　Friedman (Ed.) The Reflecting Team in Action. Guilford.

Arnkil, T.E. & Eriksson, E. (2009) Taking up One's Worries: A Handbook on Early
　　Dialogues THL/Stakes. (髙橋睦子訳 (2018) あなたの心配ごとを話しましょう
　　―響きあう対話の世界へ．日本評論社.)

Arnkil, T. E. (2018a) Anticipation Dialogues Workshop 資料　NPO 法人ダイアロ
　　ーグ実践研究所主催（東京）.

Arnkil, T. E. (2018b) Anticipation Dialogues for Integrating Strength and
　　Resources. 看護研究，51 (2)；104-111.

Bakhtin, M. (1993) Toward a　Philosophy of the Act. M. Holquist and V.
　　Liapunov, trans. and note by V. Liapunov. University of Texas Press, pp.
　　32-33.（佐々木寛訳 (1999) 行為の哲学によせて．In：ミハイル・バフチン全著作
　　第 1 巻．水声社，pp. 56-57.）

増井武士 (1994) 治療関係における「間」の活用―患者の体験に視座を据えた治療論.
　　星和書店.

本山智敬 (2019) オープンダイアローグとパーソンセンタード・アプローチ：両者の比
　　較からみた対話の可能性．人間性心理学研究，37 (1)；25-33.

村山正治編 (2014)「自分らしさ」を認める PCA グループ入門―新しいエンカウンター
　　グループ法．創元社.

永野浩二・村山尚子・村久保雅孝・村山正治・本山智敬 (2018) 対話の可能性を私たち
　　はどう感じたか～ AD/OD 研修会の報告～．追手門学院大学心の相談室紀要，14；
　　21-40.

NHK ハートネット TV（2017 年 4 月 5 日放映）「相模原事件を受けて―精神医療は今，
　　第 2 回　海外の事例 『オープンダイアローグ』」NHK.

大澤真幸 (2018) 古典百名山　ミハエル・バフチン「ドフトエフスキーの詩学」大澤真
　　幸が読む．朝日新聞，2018-12-8, 朝刊.

オープンダイアローグ・ネットワーク・ジャパン（ODNJP）ガイドライン作成委員
　　会 (2018) オープンダイアローグ　対話実践のガイドライン　https://www.

opendialogue.jp/（2019 年 6 月 17 日取得）

Olson, M. , Seikkula, J. & Ziedonis, D.（2014）：The key elements of dialogic practice in Open Dialogue. The University of Massachusetts Medical School. Worcester, MA. September 2, 2014. Version 1.1. http://umassmed. edu/psychiatry/globalinitiatives/opendialogue/（山森裕毅・篠塚友香子（訳）オープンダイアローグにおける対話実践の基本要素—よき実践のための基準. http://umassmed.edu/globalassets/psychiatry/open-dialogue/japanese-translation.pdf.）（2016 年 7 月 6 日取得）

Rogers, C.（1955）The Case of Mrs Mun. Audiotape, copyrighted by theAmerican Academy of Pyshotherapists.（畠瀬稔監修, 加藤久子・東口千津子共訳（2007）ロジャーズのカウンセリング（個人セラピー）の実際. コスモス・ライブラリー.）

Rogers, C. R.（1980）A Way of Being. Houghton Mifflin Company.（畠瀬直子監訳（1984）人間尊重の心理学—わが人生と思想を語る. 創元社.）

斎藤環（2015）オープンダイアローグとは何か. 医学書院.

斎藤環（2018）語り口がもたらす連携—オープンダイアローグと未来語りのダイアローグ. In：山登敬之編：こころの科学増刊：対話がひらくこころの多職種連携；6-35.

Seikkula, J.（1991）Perheen ja sairaalan rajasysteemi potilaan sosiaalisessa verkostossa［The system of boundary between the family and hospital: English summary］. Jyvaskyla Studies in Education, Psychology and Social Research, 80.

Seikkula, J. & Arnkil, T. E.（2014）Open Dialogues and Anticipations. National Institute for Health and Welfare.（斎藤環監訳（2019）開かれた対話と未来—今この瞬間に他者を思いやる. 医学書院.）

Seikkula, J. & Arnkil, T. E.（2016）Open Dialogue Workshop 資料 オープンダイアローグ・ネットワーク・ジャパン主催.（東京）.

Seikkula, J. & Olson, M.（2003）The open dialogue approach to acute psychosis: its poetics and micro politics. Family Process, 42（3）；403-418.

Seikkula, J. & Trimble, D.（2005）Healing elements of therapeutic conversation: Dialogue as an embodiment of love. Family Process, 44（4）；461-475.

Seikkula, J. & Arnkil, T. E.（2006）Dialogical Meetings in Social Networks. Karnac Books.（高木俊介（2016）訳者あとがき. 高木俊介・岡田愛訳（2016）オープンダイアローグ. 日本評論社.）

白木孝二（2018）未来語りのダイアローグ—もう一つの基本プロセス. 精神科治療学, 33（3）；297-303.

高松里・井内かおる・本山智敬・村久保雅孝・村山正治（2018）オープンダイアローグが拓く風景—2017 年フィンランド・ケロプダス病院研修から学んだこと. 九州大学学生相談室紀要・報告書, 第 4 号別冊；65-81.

第 4 章

PCA と OD・AD の共通点

対話実践の新たな展開

村山正治

I．PCA と OD・AD の共通点の抽出とその意義と展開

　私は仲間達と 2017 年 8 月 12 日〜 8 月 19 日までフィンランドへオープンダイアローグ（以下, OD）研修に出かけました。この研修旅行は, 私にはとてつもなく大きな意味を持つ研修になりました。それは OD・AD を実践している専門家たちと対話し, 発祥のケロプダス病院見学と対話, かつフィンランド社会と文化, 市民達と触れた体験でした。それは OD を通して, 私の PCA 論, 関係論, 科学論, 社会論とネットワーク論, 心理療法と社会文化との関係など広汎な問題意識にインパクトを与える体験でした。ここで, この貴重な体験を記述し, ここから私の活動の方向を見定めること, 特に PCA と OD・AD の共通点に着目して, 体験整理することを試みました。

II．ケロプダス病院スタッフとの対話から学んだこと

1．看護師Aさん（女性）との対話

　看護師Aさんは, OD モデルをセイックラ氏と自分たちと仲間の臨床体験から創り出してきた自信と誇りを持って話している感じがしました。熱のこもった話しぶりでした。私はその留意点を 7 点にまとめました。
　①チーム組織の作り方, 医師とのヒエラルキーの変化, ②養成訓練としてスタッフ相互の声を聞くためのファシリテーター訓練, リフレクティング, 家族療法体験の実習といった訓練を 2 年程度受けている, ③チームワークが大切。どんなに大変でもみなで一緒にやることが大切である, ④クライエントだけではなく, スタッフ相互の考えの相違などを理解する, ⑤

自分自身が安心してしゃべれる場であること，⑥２人チームで対応している。最初から最後まで２人が中心に担当する，⑦早期対応を最重視する。

２．心理士Ｂさん（男性）との対話──「OD」は「メソッド」ではなく「イデオロギー」なのだ！の叫び

①リサーチではなく質的研究で学位取得に挑戦

　私はこの心理士Ｂさんとの対話が一番印象に残っています。現代の医学や心理学の領域の中で，「エビデンス主義」の潮流は大きい。Ｂさんはこの病院の心理士として，オープンダイアローグを体験した患者さん達に面接を行い，それらの質的研究を整理して，学位論文を書いている最中でした。私自身はこの話を聞いて，彼の挑戦にエールを送りました。事例研究で学術論文を書くことは，医学領域ではエビデンスを求める実験研究でないと評価されにくい状況が生まれています。私は日本の状況を話して,「あなたの挑戦は素晴らしい。臨床体験の分析から新しい発見や仮説が生まれる」など話したところ，通訳が名通訳なので，見事に話が通じました。彼は，「大変勇気をもらった」とお礼に彼の研究内容を話してくれました。

②データに関して印象に残った話

　心理士Ｂさんから聞いた，患者さん達の次の言葉が印象的でした。「自分自身で治した」「よく聴いてもらったことが役立った」「病名をつけてもらわなかったことが，貴重だった」「就職の時，病名が履歴書になくて助かった」

３．精神科医Ｃさん（男性）との対話

　現在は精神科医だが，昔は産婦人科医だったこと，現在の受け持ちクライエントの数も教えてくれました。２つのことが印象に残っています。「クライエントさん自身が自分自身の人生の専門家だ」との言葉。これはPCAの人間観と通底しています。この人間観はPCAのエッセンスです。もう１つは「私はお産を経験したことがないので,お産の歓びや大変さなど全くわかっていません」という言葉でした。これも常識では当たり前のことですが，PCAの19命題の人格論の第１条を連想します。人間はその人自身しか自分のことを理解できないこと（代理不可能性の原則）。人間の主人公は（専門家ではなく）その人自身であることを意味します。だからその人の自己理解，他者理解を促進するのが専門家の仕事になります。PCAの人間理解の基本概念の「内的照合枠」と「外的照合枠」にも通ずる考え方です。

4．まとめ

①共通点と相違点

　私としては，まず PCA と OD の共通点，接点が多いことに感動しました。フィンランド社会から生まれた OD と，米国で生まれ私たちが実践しているエンカウンター・グループ（EG）運動を比較すると，日本では EG 運動が政治や社会変革と結びつきにくい点が際立った特徴だということに気づきました。新しく，PCA や OD を社会変革のツールとみるとき，日本文化の中でどう展開できるか，その成立条件をどう創るかが重要な課題だと感じました。この思想・哲学を日本文化・社会の中でどう生かせるか，「技法」だけではなく「対話の思想」として受け止めていきたいです。

②「はじめに臨床実践ありき」

　下平（2017）は「OD 創生期のメンバー達は，先に依って立つ思想があって，それに基づき実践を行ったというわけではない」と指摘しています。まず，創生期メンバー達の創造的な問い「精神病って何だろう。もしこの名前がなければ，病気は存在しないのではないか。病名があるから烙印を押されるのでしょう」が優先していることに注目したいのです。ベイトソン Bateson, G. やバフチンの理論から出発しているのではないことを強調したいのです。創生期のメンバー達の地道な臨床活動，困難な事例との取り組みの中で生まれてくる新しい現象を説明するときに，ベイトソンのコミュニケーション論や社会構成主義，バフチン対話主義や多声論（ポリフォニー）の概念が役立ったのです。

　臨床体験から，①傾聴の重要性，②治療初期からネットワークの人達にミーティング（治療）に参加してもらうことなど画期的な発見につながり，やがて 7 原則にまとめられました。

　このように，臨床体験から有効な経験仮説が生み出されるという考え方は，ロジャーズの臨床体験を重視し，体験から経験則（仮説）を引き出す実践的研究法に通底している重要なことです。研究姿勢がとても似ていることに注目したいのです。

Ⅲ．共通視点の抽出

　PCA と OD の共通視点は，12 点抽出することができます（表 1 参照）。

表1　PCA と OD の共通視点

	PCA	OD
1	当事者の尊重	
2	社会変革志向	
3	PCA の理想	対話の思想
4	問題解決志向でなくプロセス志向	
5	エンカウンター	ポリフォニー
6	3 条件モデル 態度モデル	態度志向 スキルより態度
7	here & now 志向	
8	所有欲のない愛（究極の愛） 関係論	
9	新しいヒューマンサイエンス志向	
	人間科学論	対話実践の科学
10	コミュニティ志向（地域コミュニティ＋時間コミュニティ）	
	EG 時間コミュニティ	ネットワーク
11	ネガティブ・ケイパビリティー（不確実性に耐えること）	
12	対人関係の政治	

以下，その一つひとつを説明していきたいと思います。

1．当事者の尊重

　OD は「クライエントの自立性と独立性を高めることを目指す心理社会的支援です。それはエンパワーメントです。クライエントが自らを助けることを支援することです」(Seikkula & Arnkil, 2006)とされています。一方でロジャーズは「個人は自分自身の中に，自分を理解し，自己概念や態度を変え自己主導的な行動を引き起こす巨大な資源を持っている」(Rogers, 1980) としています。

　両者とも，クライエントが主役で，セラピストはその支援が役割という点では共通しています。「専門家がなんでも知っている」との前提に立つ医学モデルの心理療法との大きなスタンスの違いを確認しておく必要があります。

2．社会変革志向

　アーンキルは「ソーシャル・ネットワークを活用することで，心理社会

的問題に対してどのような支援ができるかを示し，ネットワークを使っ
た実践の最も大切なところを明らかにすることである」と述べています
(Seikkula & Arnkil, 2006)。

　ODは「専門家の専門知識だけでなく，クライエントのパーソナル・ネ
ットワークがぜひ必要である。ネットワーク・アプローチは私的領域と公
的領域の間の境界領域に起こる相互作用を変容させる。これは従来の専門
家システムへの挑戦である」とも言っています（前掲書，2006, p.198）。

　これらの文章から明らかなように，ODは社会変革を目指していること
がわかります。単なる1つのセラピー技法ではありません。

　PCAのロジャーズは，「静かな革命家」と呼ばれているように，心理療
法における「医学モデル」への挑戦として，診断よりクライエント理解や
安全な関係の提供が効果的であることを示す膨大なリサーチをシカゴ大学
時代に積み上げました。70歳代からEGを通じて世界平和に貢献しまし
た。「ネットワーク」ではなく「エンカウンター・グループ」を媒介として
参加者個人の相互理解・自己理解を促進しました。

3．対話の思想とPCAの思想

　両者とも「技法」と呼ばれることを好みません。「オープンダイアロー
グ（Seikkula & Arnkil, 2006: 邦訳，2016)」の原書の英文タイトルは
"Dialogical Meetings in Social Networks" で，セラピーでなく「ソーシ
ャルネットワークス」です。PCAも『Person Centered Approach（パー
ソンセンタード・アプローチ)』とロジャーズは呼んでおり，両者共に「セ
ラピー」（心理療法）と呼ばないところに注目したいと思います。療法を超
えた哲学であり，思想です。アーンキルはODを「対話の思想」と呼んで
いますし，ロジャーズは人間論と科学論を備えた「アプローチ」と呼んで
います。両者の親和性です。

4．問題解決志向ではなくプロセス志向

　日本の社会で臨床心理の専門家は，専門家が問題を解決する力を持って
いる「医学モデル」のスタンスに立つことが多いです。ある時期，ODは
「問題解決の新しい技法」として輸入されましたが私たちはPCAの実践と
理論に触れているのでそこにはとらわれていませんでした。

　フィンランドのODの実践者は皆，「ODは方法ではなくイデオロギー
だ」と言っていました。ODの文献を読むと「問題解決より対話」が重要

であり，それは「対話の過程から何かが生まれてくるからだ」と書いてあります。生まれてくる何かとは，それは「全体がよく見えること」，「事態の見方が多様になること」，「当事者を含めお互いの理解が深まること」であるというのが私のOD理解からの回答です。

　PCAGIP法（第2部第6章参照）を実践してみて，解決を標榜しなくても，当事者たちはいい方向に進むことが多いです。問題解決でなく事例提供者の自己肯定感が高まる。そのことによって，問題の見方が変わり，過去の事実は変わらないが，事実の見方が変化していく。ここにODとの共通点をみることができます。

5．ポリフォニーとエンカウンター・グループ

　ポリフォニーはバフチンの言葉であり音楽用語です。多声性と訳されています。私には，この用語は対話から生まれてくる多様性を表現する言葉に聞こえてきます。これは私どもの実践してきたエンカウンター・グループのプロセスで生まれてくるイメージと共通している「バラバラで一緒」体験に近いです。対話というグループを促進する時に役立つ用語です。

6．態度志向

　「スキルより態度」「ODはメソッドではない」がPCAやODでは大切にされています。「専門家は知識が豊富です。たくさんのカテゴリーを知っています。学べば学ぶほど概念にすべて当てはめたくなります。その結果，相手の個性を既成概念に当てはめることで消すことになります」（Seikkula & Arnkil, 2006）。

　「しかし，それは当然のことです。そもそも人は自分の観点しか持てない」。「私たちは不確実性なものに耐えることが難しい」。「そこで不確実性に耐えるために，ODではひとつひとつの声をきちんと聞こうとします」（永野ら，2017）。

　心理療法の世界で超有名なロジャーズは「治療的人格変化の必要十分条件」（1957）の仮説を設定し，セラピストの3条件として「一致，共感，無条件の肯定的関心」をあげています。この仮説は流派を超えた「共通効果要因」として注目され，治療効果との相関が高いことが見つかっています（Cooper, 2008）。「スキルより態度」は新しいことではありませんが，ODがPCAの仮説と共通していることを確認しておきたいと思います。

7．here and now 重視傾向

OD の「対話実践 12 の基本要素 7」（36 ページ参照）は「対話の場面で，今まさに起こっていることに焦点を当てる」とあり「今ここの瞬間の重要性」を強調しています。しかし，私の EG 体験からしますと参加メンバーに「いつも今ここ」の発言を対話場面で要求すると，参加者が心理的脅威を感じて，この場が安全な場所でなくなります。

この点もロジャーズの「出会いへの道」「グロリアとの面接」のビデオを見れば，プロセスの展開に従って「here and now」の発言が増加してくることがよくわかります。

8．愛の感覚

本山（2019）は OD と PCA の共通点として「愛の感覚」をあげています。OD は「意味を共有する世界に参加したときに生ずる，身体レベルの反応のこと」（Seikkula & Arnkil, 2006）を引用しています。また森岡（2019）も「Seikkula は対話は技法でなく生き方（way of life）である」（Seikkula, 2011）を引用して，OD の対話における愛の重要性を力説しています。

PCA のロジャーズはセラピー場面で感ずる愛を「クライエントに感ずる無条件の肯定的関心（unconditional positive regard）」または「所有欲のない愛情」と呼んでいます。この視点が共通であることを確認しておきたいと思います。

9．新しいヒューマンサイエンス志向

これは新しい視点で，これまでの OD 関連の論文では十分に触れられていません。「OD の対話実践の 12 の基本要素」（36 ページ表 2 参照）は科学的仮説とみなされないからでしょうか？　私は新しい科学観からすれば，これは有効な「臨床仮説」であり，「対話実践の科学の仮説」として優れた仮説であると信じています。

しかしアーンキルは科学論を展開していて，「説明論文」が高く評価され，「記述論文」が評価されないことの問題を論じています（Seikkula & Arnkil, 2006；邦訳 2016，9 章）。現代の有力な科学論はいわゆる実証研究だけが価値あるとする「エビデンス・モデル」全盛の時代です。ケロプダス病院の心理士 B さんもわれわれとの対話の中で，学位論文作成でこ

の基準に合わない自分の研究に苦労していることを語ってくれたことを思い出して欲しいです。

これはいわゆるデカルト・ニュートンパラダイムを根拠としています。ロジャーズは自分の臨床仮説の実証研究に膨大なエネルギーを費やしました。彼の臨床仮説が「有害で医師免許無しの医療行為」とする医師達の批判にエビデンスで有効であるという証拠を積み上げ答えるという活動でもありました。

10. コミュニティ志向

高木俊介（2016）によれば，OD の目指すものは，専門家のネットワークとクライエントのネットワークを持ち込んだ新たな社会的共同体（コミュニティ）を生み出すことです。高木は「ミーティングで生じる新たな理解は，はじめから社会的に共有された現象になる」「患者の人生に非常に重要な人たちとのあいだで新たな理解を持つ社会的コミュニティができあがる」といっています。これは，患者を入院させずにコミュニティで支援する活動です。

ロジャーズはエンカウンター・グループによって，エンカウンター・コミュニティを形成し安全な人間関係の中で，現代人の孤独を癒やし，人をつなぎ，相互理解，自己理解を促進しました。やがてロジャーズはエンカウンター・モデルを紛争解決に展開し，北アイルランド紛争はじめ多くの国際紛争解決に貢献しました。

11. 不確実性に耐えること

OD の 7 原則，12 の基本要素の 2（36 ページ参照）にも記載されている重要な考えです。現代社会への警告でもあります。解決志向，白黒だけの二価値志向，効率社会，変化を嫌う動向，寛容でない雰囲気……このようなものに覆われている社会の中で，対話プロセス志向の OD では「不確実性」への考えは全面的に必要です。

このことは作家で精神科医の帚木蓬生（2017）が提案する「ネガティブ・ケイパビリティ」に近い考えです。またロジャーズの「待つ姿勢」とも近い考えです。ロジャーズは「私が自分自身や他人の現実に開かれていればいるほど，ことを急いで『処理』しようとしなくなってきている」（Rogers, 1961）と述べています。

OD において重要なのは，「近道をして苦しさから逃れようとしないこと」

「他の人を変えたいという思いを避ける」など PCA との共通点があります。

12. 対人関係の政治

ロジャーズ（1978）は，対人関係の政治（Politics）として，「人間の潜在能力」の中でかなり丁寧に述べています。セラピストとクライエントの関係構造の中でクライエントと対等性を論じています。アーンキルもこの点はフーコー Foucault, M. などの権力論を引用しながら，OD の対人関係における権力構造と専門性の関係を論じ，対等性を大切にすることの重要性を指摘しています（Seikkula & Arnkil, 2006, 邦訳 2016, p. 199）。

Ⅳ. 社会変革を目指し，PCA と OD のメリットをどう活かすか――提案と展開メモ

　私は「現在の時代精神は，対話を通じた社会変革の時代であり一人ひとりが自分らしく生きている社会を創造していく方向で動いていきたい」と主張してきました。

　これまで OD・AD の実体験，その体験の整理と考察，文献考察により，OD と AD の特徴を私なりに描いてみました。正しい理解でなく，あくまでも村山正治の主観的感想です。現時点で生まれてきた視点を PCA との共通点を新しいパラダイム論として 12 の共通点ないし共通志向を指摘しました。PCA と OD はいずれも現代臨床心理学が提供する理論枠内の治療論，人間論，科学論から逸脱した挑戦的問題提起です。

Ⅴ. これから――私がやってみたい PCA・OD の実践の展開

　1）オープンダイアローグ（2016）の徹底理解。OD は「メソッド」ではなく「対話の思想」として理解する。原著者セイックラとアーンキルの「はしがき」「あとがき」は特に感銘を受けます。また9章も必読です。また，訳者高木俊介の解説も必読です。ただし，日本ではあまり馴染んでいないテーマが展開されていて，すぐに心に入ってきづらいところがあります。しかし，対話的実践のための大事な議論が展開されているため，この解説は必要です。新しい科学論も展開されています。

　2）OD と PCA の枠組みと，日本の既存の臨床心理・福祉・学校などの枠組みとの相違点を語る柔らかい雰囲気の会，対話重視の会を開催したいです。

　3）PCA の傾聴訓練・EG 体験・ファシリテーター養成訓練が OD のファシリテーター養成に役立つ。斎藤（2019）は「OD は万人に開かれているが，きわめて奥深い実践である」ので「実践者との対話を継続してほしい」と訴えています。これは PCA と共通します。PCA も「シンプルだけれど奥深い」。高木（2016）は「仏教の修業でいう『往相』『環相』という言葉を連想しました」と書いています。

　4）「チーム学校」をはじめ，福祉，産業などは「多職種協働」が合言葉です。「対話」というスローガンと同じく言葉が優先して現実的意味を持ちにくい状況に「新しい対話路線」の有効性を感じます。

　5）私どもが開発した PCAGIP 法のように事例提供者を批判しない構造を持つ設定が必要です（PCAGIP や EG のファシリテーター訓練が参考になるでしょう）。

文　　　献

Bakhtin, M. (1993) Toward a Philosophy of the Act. (M. Holquist and V. Liapunov, trans. and note by V. Liapunov.) University of Texas Press, pp. 32-33. （佐々木寛訳（1999）行為の哲学によせて．In：ミハイル・バフチン全著作第 1 巻．水声社，pp.56-57.）

Cooper, M. (2008) Essential Research Findings in Counselling and Psychotherapy: The Facts are Friendly. SAGE. （清水幹夫・福田玖美・末武康弘・田代千夏・村里忠之・高野嘉之訳（2012）エビデンスにもとづくカウンセリング効果の研究―クライアントにとって何が最も役に立つのか．岩崎学術出版社.）

帚木蓬生（2017）ネガティブ・ケイパビリティ―答えの出ない事態に耐える力．朝日選書．

本山智敬（2019）オープンダイアローグとパーソンセンタード・アプローチ―両者の比較からみた対話の可能性．人間性心理学研究，37（1）；25-33.

森岡正芳(2019)オープンダイアローグ―心理職のために．臨床心理学 19(5)；501-506.

永野浩二・村山尚子・村久保雅孝・村山正治・本山智敬（2017）対話の可能性を私たちはどう感じたか～ AD/OD 研修会の報告～．追手門学院大学心の相談室紀要，14；21-40.

Rogers, C. R. (1961) On Becoming a Person: A Therapist's View of Psychotherapy. Houghton Mifflin. （村山正治訳（2001）ロジャーズ選集上―カウンセラーなら一度は読んでおきたい厳選 33 論文．誠信書房.）

Rogers, C. R. (1978) Carl Rogers on Personal Power: Inner Strength and Its Revolutionary Impact. Trans-Atlantic Publications.（畠瀬稔・畠瀬直子訳（1980）人間の潜在力―個人尊重のアプローチ．創元社.）

Rogers, C. R. (1980) A Way of Being. Houghton Mifflin. （畠瀬直子訳（1984）人間尊重の心理学―わが人生と思想を語る．創元社.）

斎藤環(2019)心理職にオープンダイアローグをすすめる．臨床心理学 19(5)；507-511.

Seikkula, J. , & Arnkil, T. E. (2006) Dialogical meetings in Social Networks. Karnac Books. （高木俊介・岡田愛訳（2016）オープンダイアローグ．日本評論社.）

下平美智代（2017）オープンダイアローグの歴史的背景と考え方，そして日本での実践可能性．精神療法，43（3）；332-338.

第5章

フィンランドでのダイアローグ研修

現地スタッフとの対話から私たちは何を体験し考えたのか

永野浩二・村山尚子・村久保雅孝・井内かおる・高松　里

Ⅰ．はじめに

　私たちは，2017年8月に，フィンランドで発祥したダイアローグについて学ぶ機会を持ちました。オープンダイアローグ Open Dialogues（以下 OD）と未来語りのダイアローグ Anticipation Dialogues（以下 AD）の研修です。この章では，ダイアローグ研修で私たちが感じたこと・考えたことを報告します。最初に，研修会全体のスケジュールを表1に示します。

　8月13日には，AD の1日ワークショップが，創始者でもあるトム・アーンキル氏（以下，親愛を込めて現地でのやり取り同様，トムさんと呼びます）によって行われました。午前中は主に AD の概要についての紹介でした。午後は参加者が提出した事例を元に AD のロールプレイが行われました。

　トムさんは，最初に昨日までの自分の生活のことを，ユーモアを交えて話し，次に私たちがなぜフィンランドに来たのかその理由について尋ねました。トムさんだけでなく，他の研修場所でも，ダイアローグのどのスタ

表1

8月12日（土）打ち合わせ
8月13日（日）AD ワークショップ（トム・アーンキル氏）
8月14日（月）移動日
8月15日（火）ロバニエミ市の AD 実践とファシリテーター研修の講義（ユッカ・ハコラ氏とロバニエミ市のファシリテーターおよびトレーニー）
8月16日（水）AD ミーティングと視察
8月17日（木）ケロプダス病院で OD についての講習

ッフも，理論や概念の説明ではなく，常に私たちの話を聞くこと，もしくは，スタッフその人自身の気持ちや体験から話を始めていました。ダイアローグについて話すのではなく，ダイアローグそのものを体験することができました。午後の AD のロールプレイは，実際に体験することでかなり AD のイメージをつかむことができた気がしています。PCA を学び実践している私たちには，トムさんの聴く姿勢は沢山の共通点があり，ほとんど違和感がなく，実践しやすいものに感じました。

　15 日の午前中は AD ミーティングを用いた市民サービスを行っているロバニエミ市の実践について，ユッカ・ハコラ Jukka Hakola さん（以下，ユッカさん）よりレクチャーを受けました。午後は，市内の教育，福祉や医療領域で AD を行っている複数のファシリテーターおよびファシリテーター・トレーニング養成講座を受講中のトレーニーの方々の話を伺いました。ダイアローグを行うための机や皆がメモできるように工夫した壁紙なども見せてもらい，場の設定についても大変参考になりました。また，この日，夕方，通訳の森下圭子さんからフィンランドの文化的な背景や生活について伺えたことも，非常に大きな学びになりました。今でも，その話をはっきりと覚えています。その人がその人らしく生きることに関わるとても大事な話を聞かせてもらった気がしました。

　16 日は，フィンランド全土に広がりつつある「医療と福祉の統合」についての会議（保健医療福祉改革：SOTE 改革）にオブザーバーとして参加しました。SOTE 改革では，ここまで数年に渡り「医療と福祉の統合」について行政，第 3 セクター，事業所などの代表が集まって会議を重ねてきていたとのことで，数カ月にかけて最後のまとめの段階に入るとのことでした。この日，ユッカさんがファシリテーターを務めて，首長クラス，第 3 セクターのトップ，事業所の長，このサービスの利用者など多様な人が参加してのミーティングが，AD を導入して行われました。これほど大きな意思決定の場に AD が用いられていることに驚きました。

　17 日は OD の拠点病院であるケロプダス病院にて，施設見学および OD についてのレクチャーと質疑の時間を持ちました。その場にはさまざまな職種のスタッフが参加していました。お一人おひとりが，私たちの疑問について丁寧に対話形式で自分の体験や考えを伝えてくれました。食堂でのおもてなし（決して華美ではないのですが心がこもっていました）が嬉しく，また，スタッフルームなどにも案内してもらい，まるで親しい友人として家に招かれたように接してもらった気持ちになりました。この日，最

後にリフレクティングの体験学習も行われました。

　どの研修の時間にも，非常に多くのことを学びました。ここでは紙幅の都合で書ききれません。本章で，その一部を5人の執筆者が書いていますが，それ以外にも今回の研修で感じたことを私たちは以前に発表しています。ご関心がある方は，文献（永野ら，2017；高松ら，2018）を参考にしてもらえると嬉しく思います。

　では，前置きが長くなりましたが，本章をお読み下さい。それぞれが体験し，考えたこととして各人の文章は独立しています。どこから読んでいただいても結構です。

（永野浩二）

II．AD. OD のスタッフやファシリテーターの誰もが生き生きしていたのはなぜか──フィンランド視察研修の体験から

1．はじめに

　われわれが半世紀にわたって馴染んできた PCA のイデオロギーに近い AD/OD が日本から 7,000 km 離れたフィンランドで独自の歴史文化の中から生まれ育っていると知って訪問しました。

　研修中に，ケロプダス病院の治療スタッフやロバニエミ市で行っている「ネットワークミーティング」のファシリテーターが生き生きと治療や活動に参加し，新しいアイデアなど工夫しながらその活動に盛り込んでおられる姿に触れ，私は感動しました。そこでタイトルに記した視点で，現地ノート記録，録画の一部，そして文献を参考にしながら本稿をまとめることにしました。

　なお，この研修にはムーミン研究家でもある森下圭子さんが通訳者として同行し，現地スタッフとわれわれ双方の気持ちにより添いながらことばを紡いでくださいました。達成感の大半は素晴らしい通訳のたまものと感謝しています。

2．OD/AD では，参加者がありのままでおれる「場」が提供される

　参加したワンデーワークショップ（トム・アーンキル氏の AD とケロプダス病院での OD 体験）で関心を持ったことがありました。そこに集っている人をまず大事にする態度・雰囲気がスタッフにあり，私がそれを感じることができたことです。つまり訪問客のためだけでなくスタッフ自身にとっても大切な場となっていることでした。

　ケロプダス病院での体験でいうと，研修のはじめにスタッフ（看護師が
ファシリテーター役，医師，臨床心理士2人）各人が今の感じをゆっくり
と話した後，「みなさんの大事にしている価値観や活動を聴きたい」と問い
かけました。ご自分たち迎える側の理念，概念の説明から導入されること
はありませんでした。誘われるままにわれわれは順番に自分の話をしてい
きました。

　私の順番がきたので，福岡で活動している（カウンセリング，グループ，
コミュニティ）の話を具体的にすると，スタッフの2人から「それはここ
でも自分たちが大事にしているネットワーキングのことですね」と返って
きたのでした。私は「そうです。そうです」と思わず返し，つながり感を
もちました。こうして個人が大事にしている在り方，価値観やユニークな
活動や希望，またそれぞれの違いについてもお互いに理解していく場にな
りました。「リフレクティング体験」を含めて，かけがえのない一人の人間
として尊重されている感じがして私は元気が出ました。スタッフも楽しん
でいる様子だし，時には涙する場面もありました。

3．ポジティブな視点を持ちながら共に新しい道をたどる「つながり」

　ロバニエミ市の市民相談窓口，例えば高齢者・障害者窓口，児童保護外
来窓口では，一報（夜間の電話受付もある）が入ると，ケースワーカーら
が支援の要望を聞き取り，問題によっては見守りを続け，必要ならば「ネ
ットワークミーティング」に移行します。「フィンランドでは心理社会的支
援を行う専門家はみな『ネットワークミーティング』に参加する。クライ
エントが参加するかしないかにかかわらず，人が集まりさえすれば『ネッ
トワークミーティング』なのだ」（『オープンダイアローグ』p. vii）

　業務の実際を説明にきてくれたファシリテーターによると，まず窓口担
当者は相談申し込みが入ると，コーディネーターに伝え，話し合って担当
ファシリテーター2名を選びます。そして当事者やその関係者に呼びかけ
て「ネットワークミーティング」が開かれるということでした。

　ケロプダス病院でのODにおいても急性期患者の家族や近親者から電話
が入ると，夜間でも対応します。電話を受けたスタッフが自分も含めて最
低2名が24時間以内に訪問します。そこで家族や関係者と対話します。

　このように初期段階からネットワークで動き，決してスタッフの誰もが
一人で決断し行動することがない構造になっています。緊急場面でも信頼
しあうスタッフたちがオープンな対話を行い，「ネットワークミーティン

グ」を立ち上げていくのだと私は理解しました。

4．ミーティングが「対話的」である

　ミーティングは事前に戦略を練ることはなく，日常に使う平易なことばを使って対話し，場と時間を共有します。スタッフも含め各人が不安や未来の希望について話します。ただ一緒に座って「対話」するのです。解決策を急いで出すこともなく，メンバーの前で率直に話すのみ。聴く側は話に耳を傾ける。この拓かれた対話の過程から人と人との相互の信頼関係が生まれます。

　ロバニエミ市のファシリテーター養成講座に参加している女性医師は「対話性」が必要だと述べました。「医療の向上のためにもこの養成講座への参加は大事なことだと考えている。当事者やスタッフのありのままを理解する必要があるからだ。それには『対話』が必要であり，この講座で体験学習できる。対話の中から信頼感が生まれると信じたからファシリテーター養成講座を受けることにした」と相互理解やつながりのための対話に信頼を向けておられることに私は感動しました。

5．実践・研究から生み出されたガイドライン「7つの原則」がスタッフを支えている

　病院スタッフや行政ネットワークミーティングのファシリテーターは2年の研修体験で話をよく聞くこと，相手との違いを認めること，ネットワークが大切なことなど……7つの原則（①即時援助，②社会ネットワークを通した事態のとらえ方，③柔軟性と機動性，④責任，⑤心理的継続性，⑥不確かさにたえること，⑦対話・ポリフォニー）を学びます。AD/ODの「7つの原則」は，「教え」や「技術伝授」としてのガイドラインではないのです。

　私は，湖や入り江に魅せられただけでなく，現地で技法を超えた人間への信頼と肯定感に触れられ元気に帰国できました。　　　　　　（村山尚子）

Ⅲ．PCAとOD／ADの出会い——私のオープンダイアローグ体験とアンティシペーションダイアローグ体験

1．オープンダイアローグはチームとして育つ

　私たちは2017年8月，フィンランドの西ラップランド地方，トルニオ

市にあるケロプダス病院を訪ねました。ここを発祥とするオープンダイアローグの実際に多少なりとも触れることが目的であったのです。わずか1日でしたが、日本でオープンダイアローグを学んでいる限りでは気づくことはなかったと思われることがありました。それは、オープンダイアローグの医療スタッフは、チームとして育っていくということでした。

　オープンダイアローグはいくつかの職種によるメディカルスタッフでチームを構成します。オープンダイアローグのスタッフは、一人ひとりが家族療法の研修を受けています。そして、お互いのことをよく知りあって、あるいはお互いに関心をもって、チームとして成長していくことが大事なのだということでした。単にその時だけ集まって、「チーム」を名乗るのではないのです。

　ケロプダス病院に行って特に感じられたことは、素晴らしくアットホームな雰囲気でした。いわばバックヤード的な、スタッフが過ごす場所にも連れて行ってくれました。くつろぎ語り合うスタッフルーム、その隣の給湯室、また食堂に至るまで、誰かが誰かに関わっている雰囲気が途絶えません。たとえば、スタッフルームの壁には、各スタッフの名前とイラストを添えたムーミンのキャラクターに、その人を特徴づけるちょっとしたことが書き添えられたA4サイズくらいのパネルがいくつも掲げてありました。ムーミンのキャラクターは、その人の特徴などから連想されるものを他のスタッフが提案したり、自分で選ぶこともあるとのことでした。また、隣のキッチン・スペースには、ムーミン・キャラクターのマグカップなどが、その人その人に合わせてそろえられていました。

　これだけでは、単に和気あいあいとした穏やかな場の元にとどまるだろうと思います。しかし、それだけではないことを、案内してくれたスタッフの方が教えてくれました。オープンダイアローグでもっとも大切にしているのはチームワークであり、そのために、多少なりともプライベートな面にも立ち入りながらチームとして育っていく、と言うのです。大きな傾向としてですが、フィンランドの人々はシャイで純朴ですが、他者に合わせるというより自分らしさを大事にしていこうとしているようです。また、過去のことや肩書きよりも、今のその人自身やその人のこれからに目を向けています。フィンランドの人々にとっては、だからこそ、意識して、またムーミンを仲立ちにして個々が近づきながら「チームにしていく」基盤を作ることが必要なのだろうと推察されました。

2．アンティシペーションダイアローグ：「今」を大事にする未来語り

　ケロプダス病院を訪れる数日前，ヘルシンキにて私たちはトム・アーンキル氏によるプライベート・ワークショップの機会を得ました。午後は，時間を延長してアンティシペーション・ダイアローグのロールプレイとなりました。私は幸いにも演者の一人となり，しかもいわゆる主役級と自覚しましたが，実はみんながそれぞれに主役ではありました。演者としての私の家族や関係者が選ばれ，具体的な問題が示されました。私はその役を取りながら，半ば私自身であり，残りの半ばはその役の人物になっていきました。

　アーンキル氏に誘われ，私は問題がある程度好ましく展開した時点を丁寧に探索しました。そして，それはおよそ5カ月くらい先と定まりました。私は5カ月先に飛び「好ましい今」を語りました。驚いたことは，だいたい5カ月先なのではなく，きっちりとカレンダーを見て5カ月先の日付を決め，「その日」に再び集まって，私たち家族や関係者と再会するという，リアリティでした。「好ましい今」を語る私に，アーンキル氏は急がずじっくりといくつもの質問をしてきました。アーンキル氏の質問は出来事としても時間の流れとしても，具体的で細かいものでした。そして，「好ましい今」と，その状況につながったと思われる過去を探索していきました。それは4カ月遡る出来事であり，「実際の今」の1カ月先のことなのです。つまり，私は「実際の今」から1カ月先を語ることになったのです。

　「好ましい今」を語る私は，アーンキル氏に導かれ，ちょっと前のこととして4カ月遡った出来事を話しました。その出来事はアーンキル氏に問われるままに語るだけで，自立した物語となっていきました。その過程で，私はふと，アーンキル氏と通訳を介して対話しているのではなく，通訳の方と3人で対話している感覚を持ちました。通訳者は私の発言を確認しながら，また，アーンキル氏と若干のやりとりをしたうえで私たちをつないでくれました。言葉の壁はほとんど感じませんでした。

　ロールプレイ上の「実際の今」は，それなりに「苦悩の今」でした。それが，5カ月先の「好ましい今」に導かれることで，苦悩がやわらいでいることを感じることができました。それは，「苦悩の今」に何があったから5カ月先の「好ましい今」につながる可能性があったのかが，5カ月先からすると4カ月過去であり「苦悩の今」からすると1カ月未来であることを語ることで，その輪郭が明確になっていったからであったのではないか

と振り返っています。その場は，時間をかけて対話したアーンキル氏，通訳者，私，そしてそのやりとり臨場感をもって参加していた演者としての家族の面々と関係者によって支えられていました。

　私が率直に実感したことは，「苦悩の今」に立脚した，いわば here and now にとどまることにとどまらなくてもいいのだと解放された感覚でした。「好ましい（未来の）今」は「苦悩の今」をそこに導こうと語りかけているように思われたのです。同時に，「未来の今」は必ずしも解決志向ではないことも重要と思われました。「未来の今」は「苦悩の今」を導こうとはしますが，否定はしません。「苦悩の今」は，未来からの語りかけによって尊重されている実感がありました。だからこそ，アンティシペーションダイアローグでの語りは，実際の「今」に響くのであろうと実感されました。

（村久保雅孝）

IV.「OD はイデオロギー」に込められた意味

1．はじめに

　私は，フィンランド研修に参加した当時，オープンダイアローグ（以下，OD）について詳しく知りませんでしたが，「対話の力で，薬物をほとんど使わずに統合失調症を治す」（斎藤，2015）といった言葉に，非常に興味をかきたてられていました。人とのつながりや対話が，急性期の精神病圏の人にも治療的な効果があるということは，我々心理職にとって大きな励みになる，と感じたからです。

　ケロプダス病院見学の中で特に印象に残ったことを以下に述べたいと思います。

2．印象深かったこと

① OD の土台となっている職場の空気──アートが彩る職場空間

　24 時間相談電話を受けているという職員詰め所に案内された時，ムーミンのキャラクター（スナフキン，リトルミイなど）の絵や，ハートにまつわるアート作品が壁に飾られているのが目に留まりました。部屋全体がほの明るく，家具や内装も北欧らしく温かい感じで，しかも壁にそうした作品が飾られているので，切迫した感じのない，とても居心地の良い空間でした。これらは，この病院全体の雰囲気や，OD を行う土台を象徴的に表している，という感じがしました。

　ムーミンのキャラクターの絵についてですが，スタッフ一人ひとりが自分を表すムーミンキャラクターを持っていて，それを描いた絵を飾ってあるとのことでした。さらに奥の給湯室には，スタッフそれぞれのムーミンキャラクターのマグカップがあり，壁にはマグカップ一つひとつを拡大して写した写真も貼ってありました。まるで，ムーミンキャラクターに姿を変えたスタッフ一人ひとりが，私はここにいるよ，みんなといるよ，と楽しげに自己主張しているようでした。

　ムーミンキャラクターの決め方は，新しいスタッフが来てしばらく経って，どんな人か分かってきた時に，他のスタッフが言って決まることもあれば，自分で決めることもあるそうです。リトルミイ，スナフキン，といったムーミンキャラクターの名前の前に，恥ずかしがり屋，などの，よりその人らしさを表す言葉をつけるようでした。

　ハートにまつわるアート作品は，この場所を作る時に，スタッフ全員に，ハートを何か１つ持って来てください，という宿題を出したのだそうです。針金のような金属を組み合わせてハートの形を作って額装にしてきた人もいれば，子どもが描いたハートの絵を持って来た人もいるとのことでした。

　これらから感じたのは，スタッフ一人ひとりが互いを大切にしながら，遊び心や余裕を持ちながら，みんなで一緒に仕事に取り組んでいる，という雰囲気です。この雰囲気，チームワークの上でODを含め臨床をするなら，それはうまくいくだろう，と思えました。この後のスタッフの話では，職種を問わず全員が家族療法のセラピストで，その研修の過程で，お互いのことをよく知り合っているという話を伺いました。互いによく知り合うことで，お互いを尊重する空気が自然と生まれているのではないか，と感じられました。

　ODの成り立ちについての話も聞くことができました。1980年代頃まで，ここも他の精神病院と同じように，スタッフ間に医師がトップのヒエラルキーがあり，入院している患者数も多かったとのことです。そうした現状を変えたい，とのスタッフの思いから，スタッフ間のヒエラルキーをなくす，などのさまざまな取り組みを始め，その過程でODの実践も生まれた，という話でした。改革が始まった頃に，自分の母親が看護師として勤務していた，というスタッフが，「医師がある日突然，この患者にこの薬を使おうと思うがどうかな？　と意見を尋ねてくるようになってびっくりした」と母親が話していた，というエピソードを話してくれました。患者のためにより良い実践をしたい，というモチベーションを契機に，職場

の風土から見直そうとしたのだろう，と感じられました。そして長年かけて，スタッフ同士の良好な関係性が醸成され，その土台の上にODは成り立っている，と理解できました。

②「ODはイデオロギー」

スタッフの話の中で印象に残っている言葉の1つが，「ODはメソッドではなく，イデオロギー」です。ODを行う際のポイントを抽出して，ただそれをなぞるだけではうまくいかないのではないか。ケロプダス病院の雰囲気や，「ODはイデオロギー」という言葉からは，そう感じられました。

より良い臨床を行うために，スタッフ個人，スタッフ間のコミュニケーション，職場全体の空気はどうあればいいのか。なぜケロプダス病院でのこの取り組みはうまくいっているのか。彼らは何を目指しているのか，そのエッセンスは何か。自分の職場でそのエッセンスはどのような形でなら実行可能か。そうした対話を繰り返して，良い実践が自然に生まれるような職場環境を整えていくこと，自分の職場に合ったODのスタイルを共同作業で作り上げていくこと，それが大切であり，「ODはイデオロギー」という言葉に込められた意味ではないか，と思いました。

この研修の後，職場の雰囲気を良くするにはどうしたら良いか，ということを，私はよく考えるようになりました。また，職場に限らず，居心地の良いコミュニティとは何か，ということもよく考えます。生きていく上でとても大切なヒントをもらえた旅でした。

※本稿は，高松ら（2018）に掲載した内容を再構成した。　　　　　（井内かおる）

Ⅴ．オープンダイアローグにおける「経験の言語化」作用

1．はじめに

私は，非常勤ではありましたが，10年以上，精神科で臨床心理士として働いていました。統合失調症（当時は「精神分裂病」）の患者さんとはたくさん会いました。その中で，10年近く続けた「小集団精神療法」のことはよく覚えています。30年くらい長期に入院している患者さんたちが対象で，毎週毎週話し合いを続け，それなりの意味があったと思っています。しかし，たまたま発症時の話題になると，彼らは精神的なバランスを失い，保護室に入るというような事態にもなりました。「発症経験は聞く

な」というのは，常識とされていました。

　しかし，オープンダイアローグでは，チームはまさに発症の現場に派遣されます。そこでは，患者を含め，参加した人はそれぞれの意見を言いますし，妄想や幻覚についての話も共有されます。そのミーティングは毎日なされ，その結果10日くらいで統合失調症が治り，再発も少なくなるということでした。

　それは本当なのでしょうか。もし本当ならば，なぜ発症の初期段階における緊急支援が効果を生むでしょうか。フィンランドに研修に行った後も，この「なぜ」を考え続けました。そして，その理由の一つは，「発症時の経験が言語化されるから」ではないかと思い始めました。

　発症体験というものは，トラウマの一種でしょう。トラウマは「瞬間冷凍」され，心の中に残り続けると考えられています。冷凍するというのは，触れると危険なため，心の中から隔離されるという意味です。であるならば，冷凍される直前に言語化が可能であれば，無害化（場合によってはその経験をこれからの人生に生かすこと）ができるのではないか，と思うようになりました。

2．「統合失調症を発症する」というのはどういう経験なのか？

　時間経過を追ってその経験を想像してみましょう。

　発症の時点で，自分の身や周囲に何か異変が起こり始めているという感覚が生じます。身体の不調・不眠・不安などがあり，同時にこれまで当たり前であった世界が徐々に変容していきます。人々は敵意を持った表情を向け，時には「死ね」などという言葉を発したりする，親しかったはずの人はいつのまにか別の人になってしまっている，世界は破滅しかかっているのに誰もそれに気がつかない。

　このような統合失調症の急性期には，「この世界から脱落していく」という感覚を持つのではないでしょうか。慣れ親しんだこの世界の周辺に押し出され，別の世界へ追いやられてしまいます。誰かに助けを求めたいのですが，誰を信用して良いかわかりません。世界がどう変わってしまったのか，それを必死に訴えようとします。その時，不安をベースにした妄想的な解釈が次々生まれ，徐々に定着してしまいます。「正体のわからない恐怖より，正体を言葉で言い表せる恐怖の方がまだまし」（斎藤，2015）だからです。

　必死に言語化しようとしても，周りの人は誰も聞いてくれません。精神

科医や心理士などの専門家も「妄想を聞いてはならない（妄想が強化されてしまう）」と教えられていて取り合ってくれません。そのため，本人はますます孤立感を増し，さらに妄想的な考えが深まっていってしまいます。通常はこの時点で薬が処方されたり，入院することにより，本人の思考は強制的に抑制あるいは遮断されてしまいます。

このようにして，「得体の知れない経験」は，心の中に恐怖経験（トラウマ）として残り続けることになります。だから，再燃時には同じプロセスがただ繰り返されることになります。

3．オープンダイアローグは何をしようとしているのか？

オープンダイアローグが行おうとしていることは，まずは「この世界から脱落しそうになっている人を，こちらの世界に引き戻そうとする」ことであり，次いで経験の言語化を行う，ということなのだと考えられます。

統合失調症の急性期では，彼らはひどい恐怖感・孤独感の中にいます。そんな時に，自分の家に病院からチームがやって来ます。チームは家族や友人とともに「ダイアローグ」を試みます。誰も耳を傾けてくれなかった恐ろしい経験も聞いてくれるし，それを理解しようと試みてくれます。

発症の恐怖経験を固定された「妄想」という形に落とし込む前に，ダイアローグによって，自分の経験を改めて言語化する機会が与えられます。それは，妄想とは別の解釈の可能性に開かれていくということです。

薬を使わないため，思考能力はそれなりに保たれています。ですから，次回再燃しても「ああ，これはあれだな」という対処法が見つかります。そのため再発が減る，ということは理解できます。

4．「経験の言語化」を通して，経験は日常生活の一部となる

私たちは人生の途上において，さまざまな「言葉を失う経験」をします。統合失調症に限らず，命にかかわるような深刻な病気になったり，怪我をして歩けなくなることだってあるかもしれません。そういう時は，誰かにその気持ちをわかってもらいたいと思いますが，同時に，自分はその経験を「語る言葉」を持っていないことに気がつきます。我々が語ることができるのは我々の日常世界にある物事についてだけなのです。

そういうときに，専門家チームや仲間が集まる，ということはそれ自体治療的です。孤立を防ぐことができるし，もしかしたら誰かが同じ経験をしているかもしれません。トラウマが固定され不可侵領域になる前に，何

とかその経験を言葉にしようと試みてみる。もしそれがある程度成功し，皆に共有されるならば，それは「日常の一部」となりえます。それにより，そういう病気を経験した人生（ライフストーリー）は，途切れなく語ることができ，他者と共有されることになります（高松，2015）。

※本稿は，高松ら（2018），高松（2019）を元に大幅に修正を加えた。

（高松　里）

VI．聴くことと率直さ

1．はじめに

フィンランドで受けたダイアローグ研修のインパクトは大きいものでした。その場での沢山の発見だけでなく，研修後にも新たに気づくことがあり，その学習のプロセスは今も続いています。研修中の印象や研修後に考えたことについて，今回は3つ書いてみたいと思います。

2．聞くことが最善

ダイアローグの研修で再確認したのが，「聴くことが最善」「人は根本的に応答を必要としている」ということでした。

私は，パーソンセンタード・アプローチ（以下PCA）のカウンセラーであり研究者です。この学派は，語り手の発言（に込められたその人の存在そのもの）に，最大限の敬意・関心を払い，耳を傾けようとします。症状や病気，問題行動というよりもそれを抱えているその人全体のあり様を聴かせてもらっている気がすることもあります。背景には人間の成長力（実現傾向）への信頼があります。

ロバニエミ市で研修をして下さったユッカさんは，「人は聴いてもらうだけで変われるのです」と明言しました。未来語り（以下，AD）の創始者のトムさんは，話し手の言葉を歪めず，丁寧に繰り返し確認しながら理解していこうと聴いていました。その聴き方は，私や私の仲間の実践・考え方に非常に近いものに感じました。ケロプダス病院のスタッフの皆さんの話にも，多くの共通点を感じました。そして，皆さんが自分自身の仕事に静かな自信を持っているように見えました。その姿に，私は大変勇気づけられました。というのは，ここ数年，私自身がどうPCAの良さを伝えていけばいいのか迷っていたからでした。

　実践者として，私はPCAの良さを十分に感じています。私はPCAがとても好きです。お会いしているクライエントの方々からも，それなりにお役に立っていることを伝えてもらっている気がしています。しかし，実践や理論をどう伝えていくのかは，私自身の課題でもありました。ダイアローグの研修は，私たちの実践の意味について明確に表現してくれている気がして，そこに一つの可能性を感じたのでした。

　私がまだ20代の頃にお会いしたあるクライエントのことを思い出します。彼女は，最もつらい時期を乗り越え，ようやくひと息つけるようになった週の面談で，「このまま車で突っ込んだら楽になると思いながら相談室に通っていた」ことを私に打ち明けてくれました（その苦しさは私に伝わっていました）。上記のことを時々笑いながら2人で振り返った後，彼女は次のように私に話しました。

　「先生は私の鏡みたいだと思った。鏡は鏡だけどただの鏡じゃないんです。先生は私がひとりでできると信じて，奥に信頼を持って見守ってくれる鏡なんです」

　私は彼女の言葉をはっきり覚えています。その言葉は，PCAの理想に思えましたし，彼女からの私へのプレゼント（面接で私自身が目指す一つの方向性への示唆）のように思えました。

2．聴き手を増やす

　PCAのカウンセリングとダイアローグには共通点も多かったのですが，明確に違う点もありました。その最大のものは，ネットワークの（再）構築です。トムさんは，ネットワークについて以下のような話をしてくれました。

　「元々フィンランドは個を大事にします」「全員がユニークなら，そもそもカテゴリーに当てはまる人はいません」「一方，新しいこと（人，出来事，物）に触れると，人はカテゴリーを作ります。カテゴリーを増やしていきます。専門家は知識が豊富です。沢山のカテゴリーを知っています。学べば学ぶほど，概念に全て当てはめたくなります。相手の個性を（既成の概念に当てはめることで）消すことになります」「しかし，それは当然のことです。そもそも人は，自分の観点しか持たないからです。私たちは，不確かなものに耐えることが難しいのです」「『不確実性』に耐えるために，オープンダイアローグでは声の数を増やしました。『不確実性』に耐えるために，『一つひとつの声をきちんと聞こう』という構造を作ったのです」

　なるほど。人の声が増え，それが共有されるにつれて，私たちは自身の体験や関係性についての新しい側面に気づき，言葉にできる可能性が増えていきます。カウンセリングでは，言葉になるまで内面に注意を向けながら待つ態度を大事にしますが，それはエネルギーのいる作業でもあります。ダイアローグでは，それぞれの人が当事者になり，自分のこととして体験や感じたこと，新しいアイデアを話します。その間，そこにいる人は，自分のことに集中して言葉を探し，表現するという沢山の心理的な作業をひと休みして，自由にそこにいることができます。自然と「不確実な現状」と共にいやすくなるのでしょう。

　しかし，今あらためて考えてみると，声を増やす（参加メンバーを増やす）ということは，同時に聴く人を増やすことでもあります。多様な観点や意見を持つ可能性がある聴き手がそこにいる，ということです。ダイアローグでは多声的（ポリフォニー）について語られることが多いのですが，私は，実は多様な聴き手がその場にいることの意味の方が大きい気がしています。

　トムさんは，「フィンランドの人は実はダイアローグが苦手です」と言っていました。ダイアローグ（対話）と言いますが，実は，OD でも AD でも，それぞれの当事者と話すのは，ファシリテーターや治療スタッフのことが多く，当事者同士（この場合は患者と患者家族）が直接話すことは，（特に意見が対立している場合は）あまりないのではないかと思います。安定した聴き手であるスタッフが代わりに聴きます。その様子を，（直接対話ではないという意味で）間接的に聴くので，私たちは相手の話が聞きやすいのではないかと思います。

　この構造は，私たち PCA で行っているエンカウンター・グループ（以下 EG）でもよく見られます。EG では，参加者同士が対決することがあります。当事者の2人でトコトンやり合い，理解が深まることもあるのですが，それは稀な気がします。多くはそこに参加しているメンバーやファシリテーターが，それぞれの話を聴いて「Aさんが言っているのはこういうことだと僕は理解したが……」とか「Bさんの気持ちはこうでは？」など，ワイワイと2人以外の人が話し，時には当事者ではない人同士が一生懸命話すのを聴いている内に，当事者の2人も含めた多くのメンバーが納得する場面が見られます。

　ダイアローグは「対話」と訳されていますが，「対話」という直接的なものではない構造が，「相互理解」や「新しい視点の共有」を創造しているの

ではないかと思います。

　そこでは,「自分の観点しか持たない」ことが, 逆に強みになります。自分の観点しか持てないことがすなわち個性です。新たな視点や価値観や感じ方, アイデアが語られるのは, 他の人にはない偏った個性があるからでしょう。

3．率直であること，open であること

　ただし, 新たな視点が活きるためには, open であること, つまり防衛的でないこと, 当事者性を維持すること, 安全性への配慮などが必要だと思われます。さらに言えば, ダイアローグでいう「当事者性」は, いわゆる「当事者意識を持て」と日本で言われるようなものとは随分違う気がします。それはもう少し優しいものに感じられます。私たちが人間としての限界を理解して,「自分らしく感じる」ことに開かれること, それが許される場であること, 共有される場であることに支えられたものに感じられます。(永野浩二)

　文　　献

森下圭子 (2016) フィンランドで生まれたムーミン, そしてオープンダイアローグ. 精神看護. 19 (5); 443-447.

村久保雅孝 (2019) 医療チームを育てるオープンダイアローグ. 臨床心理学, 19 (5); 561-564.

永野浩二・村山尚子・村久保雅孝・村山正治・本山智敬 (2017) 対話の可能性を私たちはどう感じたか知事― AD/OD 研修会の報告. 追手門学院大学地域支援心理研究センター附属心の相談室紀要, 14; 21-40.

斉藤環 (2015) オープンダイアローグとは何か. 医学書院.

Seikkula, J. & Arnkil, T. E. (2006) Dialogical Meetings in Social Networks. Karnac Books. (高木俊介・岡田愛訳 (2016) オープンダイアローグ. 日本評論社.)

高松里 (2015) ライフストーリー・レビュー入門―過去に光を当てる, ナラティヴ・アプローチの新しい方法. 創元社.

高松里・井内かおる・本山智敬・村久保雅孝・村山正治 (2018) オープンダイアローグが拓く風景― 2017 年フィンランド・ケロプダス病院研修から学んだこと. 九州大学学生相談室紀要・報告書, 4; 65-81.

高松里 (2019) オープンダイアローグによる治療機序とは何か. 臨床心理学, 19 (5); 551-555.

第2部　実践編

第6章

動画で見る PCAGIP の実際

新しい事例検討法ピカジップ（PCAGIP）の開発と展望

村山正治

Ⅰ．PCAGIP 誕生までの経緯

1．名称の由来：なぜ「ピカジップ」なのか

　日本人の村山正治が開発した新しい事例検討法です。元来，PCA グループとインシデント・プロセスを組み合わせた名称で，PCAG ＋ Incident Process の頭文字を取って「PCAGIP」です。しかしよく考えてみると，この英語をピカジップとは読めません。あくまでも和製英語です。そこで以降は日本語で「ピカジップ」と呼ぶことにしました。豆腐は英語でも TOFU でいいのと同じく，和製英語で「ピカジップ」と統一して呼ぶことにします。外国から輸入した新しい方法ではなく，日本生まれの「新しい事例検討法」と記憶していただくと幸いです。

2．誕生までの社会的経緯

　PCAGIP の誕生の背景には，筆者自身がエンカウンター・グループとスクールカウンセリング事業にかかわってきたことがあります。

　筆者はエンカウンター・グループを日本に導入した一人で，ファシリテーター体験は 2,000 回を越えています。スクールカウンセラー事業が 1995（平成 7）年に発足し，日本で外部の専門家を教育現場に導入する画期的な事業であり，大きな成果をあげました。学校現場からは「黒船襲来」と歓迎されない空気の中で発足しましたが，臨床心理士の報酬が 1 時間 7,000 円，国が全額負担という画期的事業になりました。

　新しい制度が創出される際には，①国民の社会的ニーズ，②その仕事が遂行できる専門家の養成機関，③その仕事が遂行できる予算の行政的措置の 3 つが必要です。スクールカウンセリング事業においても，いじめや不

登校などの増加で教育現場に臨床心理の専門家が必要になったことで，日本臨床心理士資格認定協会が 1988 年に設立され，専門家の養成システムができ，資格制度が誕生しました。実力のある臨床心理士が養成され，154校に派遣されました。これらは抜群の成果をあげ，臨床心理士の社会的知名度を一挙に高めたのです。高校生の将来の希望にスクールカウンセラーがあげられる社会的状況が生まれました。ちなみに，154 校の学校現場でスクールカウンセラーとして働く臨床心理士を指して，「学校臨床心理士」という名称が生まれました。

3．PCAGIP（ピカジップ）の誕生

1）学校現場でできる事例検討法の要請：学校臨床心理士たちの強い要望として，学会のような形でなく，短い資料の準備でできる事例検討法の要望が出ていました。インシデント・プロセス，フォーカシングなど短時間で行える方法も探索しました。鵜養美昭氏からインシデント・プロセスのヒントをいただいたこともあります。

2）話題提供者を元気にする事例検討方法はないか：事例検討会で傷つき，意欲を失う院生のことも気になっていました。

II．PCAGIP の新しい視点

筆者は仲間の支援，研修やカンファレンスの課題にぶつかりながら，話題提供者（事例提供者）を元気にする事例検討法の創案にたどり着きました。

以下のような，従来の事例検討会と異なる 10 の視点に到達しました。詳細を記述します。

1．事例が主役でなく，事例提供者が主役

従来の事例検討会は，事例提供者の提出する事例に対して，壇上のスーパーバイザーが主役となり，新しい解決策を提示することに重きが置かれることがしばしば見られます。それに対し PCAGIP では，事例提供者が主役であり事例提供者の状況理解を中心に行うことを目的とします。

神田橋條治氏も事例提供者が主役であることを主張しています。

2．話題提供者を理解することが目的

話題提供者自身の困りごと，さまざまな葛藤，気になっていること，事例をめぐる気持ちなどを全員で理解することを目的にしています。この理解のプロセスでさまざまな展開が起こります。そのプロセスで話題提供者にさまざまなヒント，気づきが生まれてきます。

3．カンファレンスの場をコミュニティとみなす

通常，カンファレンスはコメンテーターと事例提供者が，壇上で意見交換をするプロセスが展開する構造になっています。あとは観客ないしオブザーバーとなっています。あくまでも２人の対話です。しかしピカジップでは，参加者全員が対話に参加するシステムを構成するところに特徴があります（Ⅲの１の定義の項を参照）。

エピソード１：ある参加者が行き詰まった展開に，金魚鉢方式[1]での金魚鉢席の１人から話題提供者の気持ちを理解した発言があり，話題提供者が「そうです。私の気持ちはまさにそうなんです。もう１度出かけて校長先生と話し合いたい気持ちです」と発言されました。この２時間の大セッションが見事に終了し，コミュニティの力をまざまざと体験した瞬間でした。

エピソード２：「一人ひとりが順番で発言をする権利をいただいている感じです。順番性がとても役に立ちます」と，ある大学院生の１人の女性が発表したことを覚えています。

4．参加者全員がリサーチパートナー

傍観者，観察者，オブザーバーの立場ではなく，話題提供者の理解を少しでも深まるような，共同研究者共創モデルと呼んでいます。

5．心理的に安全なグループ体験

ロジャーズの重要な発見の一つは，人間はセラピストとの関係の中で生まれる心理的に安全な雰囲気の中ではじめて自己受容が起こり，その結果，行動の変化が起こるということです。エンカウンター・グループの体験もこの仮説を裏切ることはないです。

したがって，カンファレンスの場をロジャーズ流のセラピー場面と同じく，話題提供者が安心して自己や事例を語り，それを通してみんなから受

容される体験が起こることを目的にしています。

6．多様な視点の創出，状況，現状の視覚化

　従来は，ともすればコメンテーターの心理療法の流派（立場）からその事例を解釈し，結論や解釈の提案がなされます。これも一つの事例検討の在り方です。しかし，PCAGIP では，事例の状況，セラピストの在り方だけでなく，その事例とセラピストを含む支援のネットワーク全体の構図が自然に視覚化できるように，板書することを考案しています。この板書記録を「視覚化図」と読んでいます。

　板書記録により，全体像の視覚化が可能になり，参加者全員の状況が共有されて，現在のセラピー関係だけでなく，その背景にある当事者全体が何らかのかかわりを持つ支援状況全体が見えることが PCAGIP の特徴です。

7．板書記録の重要性と効用

　PCAGIP セッションはグループ体験なので，セッション中はメモを取ることはせずに，参加者全体が「今ここの場」に集中してもらうことにしています。その代わりに記録係を置いて板書をしてもらう構造を作りました。

　それによって当初予想していなかった多くの効用が見つかってきました。その中でとりわけ大きなものは，PCAGIP セッションで起こっているプロセス全体が可視化されることで，参加者全体が状況を理解し，共有するのに役立つということです。今，何が起こっているのか，どんなことが分かってきたのか，何がポイントなのか，結果として板書記録から提示されることになるのです。私の体験では「板書記録なくして PCAGIP はあり得ない」と考えています。

8．参加者それぞれの多様な学習プロセスの展開

　話題提供者にはさまざまなヒント，気づき，また，それぞれの参加者（話題提供者，ファシリテーター，記録者，金魚，金魚鉢席のメンバー）にも多様な学びが起こります[1]。それは参加者の満足感が生ずる要因の一つになっています。

9．皆でつくる事例理解の物語

　通常の事例検討会では1時間くらい発表の時間があり，その際の資料は

すべて話題提供者個人が作成したもので，それも一つの興味深い物語です。PCAGIP の場合は，話題提供者に対し，困っていることに関した短い資料のみ準備してもらいます。困っている点を中心にグループで語り合いながら，事例を含む支援の全体像をクローズアップするという，皆でつくる事例理解の物語といってよいと思います。

10. 事例提供者・事例をめぐる支援ネットワーク

　従来の事例検討は個人カウンセリングモデルが多く，セラピストとクライエントの相互作用の在り方を中心にプロセスが展開する傾向があります。特に私のように，PCA やフォーカシングの訓練を受けてきた人間にとってはセラピストの受容・共感・自己一致の在り方に注目しようとします。ところが PCAGIP では，話題提供者とクライエントの相互作用の質だけでなく，ホワイトボードに図式化したセラピスト・クライエントが支援されている支援ネットワーク，すなわち，学校状況，クライエントの持つ支援ネットワーク（スクールソーシャルワーカー・精神科医）などの，クライエントをめぐるソーシャルネットワークの支援状況が見えてくることが多いのです。自分のセラピーがクライエントの支援ネットワークにおいてどの部分の理解に役立っているかがよく見えてくることが多いです。

III．PCAGIP の方法：定義・手順・プロセス

1．定義

1）簡単な事例提供資料からファシリテーターと参加者が協力して，参加者の力を最大限に引き出し，その経験と知恵から事例提供者に役立つ新しい取り組みの方向や具体策にヒントを見出していくプロセスを学ぶグループ体験。
2）構造：ファシリテーター・記録者・資料提供者・メンバーで8名程度の人数で構成される。
3）情報共有のためのホワイトボード2〜3枚を準備する。
4）約束としてメンバーはメモを取らない。
5）話題提供者を批判しない。
6）結論は出なくてもよい。ヒントが出ればよい。

2．手順

1）B5 判 1 枚程度の資料を用意する。
2）メンバーは順番にもっと知りたいこと，気になったことなどを尋ね
　　て，事例の状況を理解することに徹する。
3）質問と応答は，記録係がホワイトボードに記録をとる。
4）二巡したら，情報の整理をする。
5）ファシリテーターは多様な視点が出てくるような雰囲気をつくる。
6）2 時間程度で全体の状況が理解できるコンステレーションが生まれ
　　る。
7）自ずと全体が読めて，解決の方向が見えてくることが多い。

3．プロセス

1）みんなで創り上げていくプロセスを体験する。
2）多様な視点が刺激になる。
3）安全な雰囲気の中で，表面的な触れ合いからメンバー間の相互作用
　　が生まれ，予想外に展開が起こることもある。みんなで一つのことを
　　追求していく一体感が生まれ，中核部分に迫る面白さがある。

Ⅳ．これまでの展開の状況，これからの方向

〈これまでの状況〉

　①大学院生の訓練，②管理職の部下指導，校長，自治体の部課長，看護
職の看護師長などのカンファレンスなど，③各県の臨床心理士会などでの
臨床心理士訓練，④学校教員の事例検討会などに展開しています。アンケ
ートレベルではおおむね好評です。効果研究などはこれからです。PCA グ
ループや PCAGIP に関する文献リストを毎年作成しています。

〈これからの方向〉

1．事例検討の新しい方法としての活用

1）日本心理臨床学会大会（2021）「日本心理臨床学会招待シンポジウ
　　ム─事例検討を再検討する」にて村山正治が発表。
2）日本人間性心理学会で白井祐浩が事例検討，PCAGIP 法，
　　Therapist-Centered-Training の比較を発表。

3）内閣府研修事業に招待され石田陽彦・小野真由子が PCAGIP 研修を実施。

4）第 41 回日本人間性心理学会招待ワークショップ（2022 年 9 月 4 日，京都国際会館）に村山正治・尚子が登壇し，好評を博した。

2．オンラインによる PCAGIP の実施

1）内藤裕子が「養護教諭養成におけるオンライン PCAGIP 法の実施―対面法との比較」を発表。

2）押江隆が「オンライン PCAGIP 法の実践と検討」を発表。

3．PCAGIP 法と組織変革

1）成田有子が PCAGIPersProject を実施。

2）野村陽子が 6 年間継続実施して，組織変化を研究。

3）西木聡が PCAGIP による企業の組織変革をめざした活動を展開。

4．多領域（小・中・高等学校，大学大学院，養護施設，児童相談所はじめ産業，医療，福祉，矯正，行政など）での活用

5．ネットワークによる情報交換

東亜大学大学院臨床心理学専攻から毎年『「PCA グループ」および「PCAGIP 法」に関する文献リスト』を発行している。

連絡先：〒 751-8503　山口県下関市一の宮学園町 2－1
東亜大学大学院総合学術研究科臨床心理学専攻　村山正治
E-mail: nakayamak@toua-u.ac.jp（中山幸輝）

注
1）PCAGIP では，参加者の人数が多い時には「金魚鉢方式」を採用している。そこでは，二重のグループを用意し，内側のグループ（金魚グループ）のやりとりを外側のグループ（金魚鉢グループ）が見守り，時折発言する機会を持ちながら進めている（参考：押江隆ら（2017）PCAGIP 法にパーソン・センタードな個人スーパービジョンを組み合わせた「リフレキシブ PCAGIP」の開発．山口大学教育学部附属教育実践総合センター．43; 39-46）。

第7章

PCAGIP の事例

スタッフの個性の尊重とチームの希望との狭間で

村山尚子

Ⅰ．はじめに

　第2部第6章にて村山正治が「新しい事例検討法ピカジップ（PCAGIP）の開発と展望」を記述していて，読者の方々にはその理解が深まったことと思います。その上で「PCAGIP の実際」を本書の企画メンバーが出演して録画し，検討してみようというアイデアが浮かび上がってきました。

　PCAGIP についてはすでに村山正治が「参加メンバー一人ひとりが持っている知恵が自然に浮かび上がり，グループメンバー間の相互作用から，話題提供者に役立つヒントを生み出す新しい方法として開発してきたものである」と 2012 年に創元社から発行された『新しい事例検討法 PCAGIP 入門』（村山正治・中田行重編）の「はしがき」に書いています。PCA・PCAG のイデオロギーが大事にされている上に，独特のルールが置かれているのが PCAGIP であり，基本的には参加メンバー間の相互作用やプロセス，ホワイトボードに書き込まれる記録などが生みだす成果が，話題提供者自身の自己理解，自己受容を育み，そこから新しいヒントや決断，納得が得られていくのが特徴です。

　一方で，私自身が毎回実践するときに気持ちを新たにして柔軟になろうとしていることは，PCAGIP 実施の度ごとに参加メンバーの構成が異なるという事実を認めていくことです。その都度その都度，相互作用もプロセスも特有のものとなり，実際に集まっているグループメンバー一人ひとりの気持ちをつむぎあい，織りなしながら進行していく現場になるということです。つまり，毎回が「創造の場」になるということです。

　今回，一つの実際例を録画収録し，文字記録に起こして，ここにみなさんに提供することになりました。

Ⅱ．参加メンバーについて

1．参加メンバー名

芦谷将徳，高松里，村久保雅孝，西木聡，都能美智代，永野浩二，北田朋子，井内かおる，村山尚子，本山智敬（動画撮影），村山正治（オブザーバー）。

デモンストレーションの文字記録では発言者をアルファベットの略称で表示します。

Aさん＝事例の登場人物（Bさんと同じ職場の同僚）

Bさん＝話題提供者（芦谷将徳）

メンバー5名＝Cさん，Dさん，Eさん，Fさん，Gさん

記録係2名＝Hさん，Iさん

ファシリテーター（以下，Fac.）＝村山尚子

2．概説

今回のPCAGIPについては話題提供者のBさんのみが，他の参加メンバーの多くと初対面ということになりました。Bさんは現在大学の助手をしている心理臨床家です。他のメンバーは長年九重エンカウンター・グループのFac.として活躍してきた方々です。記録係は2人とも九重エンカウンター・グループに参加経験があり，普段の日常においても，また本書出版企画仲間としてもつながりを持つ心理臨床家です。そして村山尚子が今回PCAGIPのFac.を担当しました。

本番録画前に，Bさんと既知仲間のわれわれとがお互いにもう少し知り合うために，ゆっくりと長めの自己紹介の時間を設けてPCAGIP（録画）に臨みました。

Ⅲ．PCAGIPの実際

以下の逐語記録は，私たちが行った約90分のPCAGIPを，経過がわかりやすいように30分程度にまとめたものです。読者の皆様は，動画をご覧になりながら以下の記録を参考に読んでいただくと雰囲気が理解しやすくなるかと思います（動画の見方については213ページを参照してください）。

1．導入

Fac.：それではこれから PCAGIP を始めます。最初に B さんから気になっていることの話題提供をしていただきましょう。そのあと，メンバーの皆さんから，B さんに向けてもう少し知りたいこと，尋ねたいこと，気になったことなどを順番に話しかけていただきます。一巡して，それから第2ラウンドになるのですが，新たにもう少しお尋ねしたいこと，知りたいこと，気になっていることなどを B さんの方に問いかける機会を持ちますので，お一人一問ということにしましょう。

2．第1ラウンド

①話題提供

Fac.：それでは第1ラウンド。B さんから話題提供をしていただきましょう。

B さん（話題提供者）：私は4月から仕事が変わりました。その前の職場は職種としては私が初めて採用されたところで，同業の先輩のいないクリニックで10年近く臨床心理士として模索しながら続けてきました。私の転勤にともなって4月からそこには同じ職種の後輩Aさんが常勤として勤務することになりました。

昨年までの10年弱，私は職場内で先輩から学ぶ事ができないでいたので，職場外の先輩，後輩に相談したり研修に参加したり試行錯誤しながら，町の小児科の臨床心理士として，勤務してきました。

4月から常勤として採用されたAさんに対しては，僕のようになって欲しいわけではないのですが，これまでクリニックから期待され必要とされていることを大事にし，つないでいきたいという思いはあります。

Aさんの働き方について僕から伝えること，病院から要求されていることのバランスを取ることに，気持ちがゆれているのです。

Fac.：（記録係に向けて）そちらの方はいいですか？

（記録係と話題提供者とのやり取りで，話題内容の確認）

②1巡目の問いかけ

Fac.：では，これまでのお話の内容や，記録を踏まえて，1人1問ずつ知

りたいことなどの問いかけをしていきましょうか。こちらからどうで
しょうか。

Ｃさん：新しくクリニックに常勤で入られたＡさんは女性ですか？

Ｂさん：はいＡさんは女性で，修士卒業後２年目です。

Ｄさん：先輩としてＡさんの側から指導して欲しいと言われたことがあり
ますか？

Ｂさん：Ａさんの側から指導を依頼されたことはないですね。発達検査を
できるようになりたいと言われていましたが。

Ｅさん：僕がＡさんの立場だったら，と思ったとき，Ａさんは先輩を頼り
にしている。だから教えてもらうならばＢさんということですね。今
のところでＢさんしか分かっていない仕事を具体的に教えていただけ
ますか。

Ｂさん：職場のことは，自分しか分かっていないことがあるのです。例え
ば私は患者さんと話しながら，そこから次の仕事を進めていくやり方
をしていた部分があります。Ａさんはそこへのエネルギーが向かって
いないだろうと思います。今は検査に重点を置いて活躍しています。

Ｆさん：Ａさんのイメージについてですが，例えば外見とか，雰囲気とか
……。

Ｂさん：控え目な感じ。

Ｇさん：Ｂさんはアクティブに小児科で臨床心理の仕事をしてこられたの
ですが，Ｂさんが大事にしてきている仕事の仕方を聞きたい。

Ｂさん：町の小児科ですので，クリニックにはリハビリのスタッフもおら
れる。どんな風につながっておくか。お声がけをどうするか。先輩と
してＡさんと一緒にクリニックに役に立ちたいと思う。そんなことを
お互いに理解しようとしている今です。スタッフとの関係もそれぞれ
が異なっている。でも同じ山を登っていると感じると，安心するので
すが……。

Fac.：大分理解できてきました。同業者として一緒に仕事をしていくこと
になったＡさんとＢさん。２人の関係の中で，ＢさんはＡさんと週に
１回をどう関わっていけばいいのか。お２人の関係の様子がだいぶわ
かってきました。私からも１つお尋ねさせて下さい。Ａさんに対して
は少し，苦手意識というか，そういう感じがあるのでしょうか。

Ｂさん：苦手という感じはないですが，すごく気にされる方のように思っ
ています。

3．第2ラウンド

①2巡目の問いかけ

Cさん：4月からの勤務は週1回の非常勤ということですが，Aさんにとって Bさんはどんな位置になっているのでしょうか。

Bさん：Aさんは，そばにいて学んでいく方だと思いますが，先日初めて，Aさんから問いかけがありました。発達検査がうまくできるようになりたいと。

Dさん：Aさんの仕事がやりやすいように教える職場でのポジションはありますか。またはクリニックの経営者などに，お願いして，その方向に持って行けますか。

Bさん：他のスタッフなどから「教えてあげてね」と言われたり，要求されたりすることはありますが，ポジションらしきものは今のところないです。スタッフから要求されるスピードとAさんとのバランスも気になっています。

Eさん：Bさんは先輩が誰もいない職場で自分1人だけで仕事を創ってきた。そこにAさんが入ってこられた。自分と同じような動きをしてもらいたい思いがあり，Aさんに伝える具体的な方法論についていま迷っているのでしょうか。またはAさんに自分でやっていって欲しいという思いもあり，Aさんのことは苦手ではないとおっしゃっていましたが，どう関わるかを迷っているところでしょうか。今後どうやっていくのか方法論を伝えていくには信頼関係がまだできていないということでしょうか。

Bさん：職場クリニックの方針を指導し伝えることと，僕がAさんから感じる思いとのバランスをとることが難しいと思っています。病院のスタッフから，あれやって，これやって，と要求があり，職場のスタッフの方が焦っていたようで，僕も必死に教えなきゃという風に思ったり，その辺のバランスも難しい。両者の均衡を知りたいな，見つけたいなと思っているのです。

Fさん：Bさんは昨年度まで1人でやってこられ，Aさんのへ指導者，という思いで私は聞いていたけれど，Aさんへのフォローアップに今は気遣っておられるのかなあと思いめぐらせました。

Bさん：常勤で毎日会うのならば翌日にフォローできるけれど……ですね。

Gさん：Bさんはクリニックの中でのつなぎ役をしてきておられるように

思います。クリニックのスタッフのこと，Aさんのことなどで，ですね。そんな中で，最近Aさんが落ち着いて来られている。他のスタッフの方との関係などでやっておられたことで，何が役に立っていると思われますか。

Bさん：例えば，Aさんから話を聞いたり，スタッフからも話を聞いたりしていると，話を聞いただけでも，そのスタッフ達は「焦りすぎたかな」みたいな話が出たり，Aさんも余裕が出てきたのか，「検査見てもらってもいいですか」と私に言ってきたり，他のスタッフに質問しに行ったり，少しずつできるようになってきているのかなと。

②記録係からの問いかけ

Fac.：記録係の方で何か問いかけはありますか。

Hさん：感想ですが，Bさんがバランスを取りたい，と何回か言っておられますが……。

Bさん：バランスとりたい自分……。Aさんはいま一山越えて，落ち着いておられますが，また何かあるんじゃないか，自分の方が心配なのかもしれない。

Iさん：バランスを取りながら，今は元気になっている。心配なこととは，具体的には。

Bさん：具体的にはちょっと分からないけれど，また何かの時はどう対応しようかという気持ちはあります。

Fac.：いろいろな過程がありましたが，私が一番安心感を持てたのは，Bさんが，この状況のことを，道は違う所を歩いているが同じ方向を向いている感じを持っておられることでした。

Bさん：同じ山の上を向いてるよね，というのは自分だけがそう思っているだけで，他の人はどうかなあ，というところはありますが……。

4．補足のお尋ね

Fac.：まだ少し時間があるようですが，補足的にお尋ねしたいことはありますか。

Dさん：このように，どうしょうかなと迷うとき，私は，あの人ならどう考えるかな，あの先輩ならあの仲間ならどう考えるかなと思いめぐらせてみる。例えばエンカウンター・グループでの時には，そこからことばが見つかり役に立つことがありますが。

Bさん：あの人ならどうするかなと……いろいろ先輩はいらっしゃいます
　　　　が，考えたことがなかったな。多分，町の小児科に勤務している先輩
　　　　や仲間がいなかったからかもしれないですね。

Fac.：Bさんは今，他の職場に勤務されていて，この小児科の現場に週1
　　　　回の業務をされていますが，そこに勤務されているお気持ちはどうい
　　　　う感じでしょうか。

Bさん：このクリニックのスタッフやドクターへの感謝や恩返しのような
　　　　気持ちがあります。

Fac.：クリニックに対するBさんの自然な愛情があるのですね。

5．話題提供者の今の感じ

Fac.：では，最後になりますが，今回の体験の流れで，Bさんが感じられ
　　　　た感想，結論は出さなくて良いと思いますが，何か感じられているこ
　　　　とを話して下さい。

Bさん：最初は緊張していましたが，聴いてもらっているなあ，という感
　　　　じがして，少しずつ楽になってきました。何か，こう自分の思いが意
　　　　外と強いかな，という思いになってきています。その人に成長しても
　　　　らいたいという思い。またモデルのない中でやってきたということも
　　　　……。「みんなうまくいって欲しい」を意識しすぎているのかな，自分
　　　　の思いが強い。そんなに自分が思わなくてもいいのかなあ，という感
　　　　じがしています。

Fac.：ではこれでPCAGIPセッションを終えたいと思います。皆様ご協力
　　　　ありがとうございました。

IV．終了後の Fac. の感想

　①はじまる直前はいつものように緊張していました。PCAのグループは
スタートから未踏の世界を共に歩くのだから，今回のようにいわば既知集
団の方々であっても，これからたどる道は新しくユニークであることを私
は知っているからです。そういう意味で，先述のように自己紹介の時間を
長めに取ることができ，初期不安を緩める時間があったので助かりました。

　②そして，ここに集う人々は，それぞれがお互いを尊重し合い，新しい
何かを創っていく人たちなのだという信頼感がファシリテーターである私
にあり，自分をその場にゆだねることができました。私は，メンバー一人

ひとりのこころと体の中から発せられるそれぞれのことばや表現を大切にして，耳を傾けることができました。

　③また私は，自分の中で広がってくるイメージやからだの感じをもとに問いかけたいことばが生まれてくるので，それを少しずつ表現することができました。

　④記録係の記録の仕事は，このグループの中で全体の相互理解に役立っていました。また，お二人の話題提供者への問いかけも理解を促進するものになっていって，助けになったと感じています。

　⑤最後に，話題提供者は「みなさんに聴いてもらっているなぁ」という実感を得られたようです。このプロセスから，10年間仕事場を共にしたクリニックのドクターやスタッフへの肯定的なつながり感や自分自身をもう少し安心して緩めていくことへの感触を得られたようです。これをヒントにして，Aさんと共に次の道を歩こうとされているように私は感じました。

　文　　　献
村山正治・中田行重編（2012）新しい事例検討法 PCAGIP 入門―パーソン・センタード・アプローチの視点から．創元社．

第8章

事例提供者の体験から

芦谷将徳

　ここでは，今回デモンストレーションで経験した事例提供者の視点および私が自身の活動フィールドで行ったファシリテーターの視点の双方からPCAGIP法を捉えてみようと思います。

　事例提供者としての感想は大きく3点あり，【落ち着いて参加できたこと】，【事例に対するイメージの変化】，【支援者として多面的な視点を身につける機会になったこと】です。それには，PCAGIP法のエッセンスのうち「ファシリテーターの存在」，「順番に設けられた質問の機会」，「事前の準備資料の制限」が背景にあると感じました。

　【落ち着いて参加できたこと】について，私は今回の事例提供が決まってから，参加者の皆さんに検討していただける嬉しさを感じる一方で，大きな不安を抱えていました。「このような事例を出していいのだろうか」，「参加者の方にはどう映るだろうか」という気持ちを抱えながら当日を迎えることになります。しかし，この気持ちは取り越し苦労に過ぎませんでした。

　【落ち着いて参加できたこと】の理由について考えたところ，「ファシリテーターの存在」と「順番に設けられた質問の機会」が大きく影響していると感じました。「ファシリテーターの存在」は私にとって非常に心強く，フロアとの通訳，橋渡しのような存在でした。「一人で事例を発表している」という感じがありませんでした。これに加え「順番に設けられる質問の機会」によって，事例提供者は一人ひとりから質問される機会が保障されます。このため，提供事例についての質問を通して，参加者から関心を向けてもらえている安心感を得られ，参加者の感じていることを知る機会になりました。

　【事例に対するイメージの変化】について，事例を検討していただいた前後で，「自分が何とかしなければいけない事例」から「自分が何とかし

てもいい事例」になっていきました。言い換えると，事例に対し，義務感のような感覚が大部分を占めていたのですが，その義務感の割合が少し減り，事例に対する主体性を取り戻したような感覚に変化していきました。

　こう感じた理由として，「事前の準備資料の制限」という点が影響していると感じました。通常の事例検討では，事前資料を準備しながら，自分の中での事例を振り返る作業や言語化する作業があります。これは，ともすれば，事例の正確な伝達に関して，事例提供者に全責任が生じます。しかし，PCAGIP法では，事前資料が限られ，質問や応答を繰り返す中で事例を理解していくため，質問者側にも責任感や義務感が分散され，事例を参加者全員で一緒に抱えていくシステムになっています。これが，事例に対するイメージの変化に繋がったのではないかと感じました。

　【支援者として多面的な視点を身につける機会になったこと】について，このような感想を持つことは，今回事例提供者として参加する前は全く想定していませんでした。「自分が今後Ａさんに関わるときのポイントやヒントを得たい」とは考えていましたが，Ａさんの事例に関わらず，その他の事例に対しても応用できる視点を得ることができました。

　これも先に述べた「順番に設けられた質問の機会」の存在が大きいと感じました。今回のPCAGIP体験では，ラウンドを重ねるごとに答えることの難しい質問がありました。このような質問をされることで，今までの自分にはなかった事例の捉え方や考え方に出会えました。答えることが難しい質問が自分自身の中に内在化され，今回の提供事例以外のケースについてもこれまでとは違った視点で改めて捉えなおすことができました。

　今回提供した事例の後日談を簡単に紹介します。事例を検討していただいた際は，私の中では，「控えめなＡさんに対して，どのように関わっていくか」が主な題材でした。その後，同僚とケースについて話していると「そういえば，最近のＡさん，自分から質問に来ることが増えてる。結構積極性が出てきている」という話がありました。私の対応が急激に変わったわけでもありませんし，たまたまその時期にＡさん自身が積極的になっていったのかもしれませんが，Ａさんの積極性が出てきており，私以外の同僚から見ても，職場内でも積極的に活動する様子が増えているようです。

　私の活動フィールドの１つに地域の小児科クリニックがあります。ここでは，発達や子育てに悩まれる保護者の方が来られ，その方々を対象に子どもさんへのかかわり方などを検討するグループを行っています。

　PCAGIP法の事例提供者を経験し，事例提供者は落ち着いて事例提供が

可能であったこと，事前準備をほとんど要しないことから，保護者向けのグループで PCAGIP 法を取り入れることができるのではないかと考えるようになりました。

　実際に保護者向けに PCAGIP 法のエッセンスを取り入れたグループを行ったところ，大きく 2 つの変化がありました。1 つ目は，グループ内の関係性に変化が起きたこと，2 つ目は保護者自身に変化が起きたことです。

　グループ内の関係性の変化の例として，取り入れる前は「子どものトイレットトレーニングが進まないんですが，どうしたらいいでしょうか」という保護者からの質問に対し，他の保護者も「うちもです」と同調するような構図でした。しかし，PCAGIP 法の「順番に質問していく」のエッセンスを取り入れ実施したところ，トイレットトレーニングについて困っている保護者に対し，別の保護者は「トイレットトレーニングについて，うちは，こういう工夫をしています」といった発言があり，「保護者同士でアイデアを出し合う」構図に変化していきました。自分らしさを発揮しやすくなったのではないかと感じました。

　保護者自身に変化が起きることは，以前と比べ PCAGIP 法のエッセンスを取り入れた後の方がより顕著な印象を受けています。参加した保護者に感想を伺うと「自分のかかわり方を客観的に捉えることができた」と複数名から伺いました。質問への回答を板書し，可視化することで，保護者自身の子どもへのかかわりを一歩引いた形で整理でき，子どもに対する自分自身について客観的に捉える機会になるのではないかと感じました。

　最後に，PCAGIP 法のデモンストレーションの体験や自身のフィールドでの実践の中で，開発された村山正治先生の「事例が主役ではなく，事例提供者が主役である」（村山・中田編，2012）という理念や「カンファレンスの場をコミュニティとみなす」（村山・中田編，2012）という視点を随所に感じました。参加者同士を繋ぐアプローチのみならず，根底を流れる PCA の理論と現実場面とを繋ぐアプローチです。

文　　　献
村山正治・中田行重編（2012）新しい事例検討法 PCAGIP 入門―パーソン・センタード・アプローチの視点から．創元社．

第9章

参加者にとってのPICAGIP体験【座談会】

本山：それでは始めたいと思います。今回の座談会では，PCAGIPをほとんど知らない人に向けてもメッセージを伝えていきたいと思っています。名前は聞いたことがあるけど実践したことはないとか，興味はあるけどよく分からないという人が，動画も見られるし，私たちの文章も見られるし，ファシリテーターや話題提供者がどういう体験をしたのかということも理解できる。その辺がいろいろ組み合わさってPCAGIPの魅力が伝わるといいなぁと思っています。

このデモンストレーションは一般化できない

村山正治（以下，正治）：今回のデモンストレーションはやっぱり特殊ですよね。というのは，参加メンバーのほとんどがエンカウンター・グループ体験をたくさんした人達ですから。

一同：うんうん。

正治：それがすごく生きていることがよくわかります。これが一つのモデルではなく，このメンバーがやるとこういう風になる，というね。

本山：確かにこれをモデルにしてしまうと，ちょっと違いますね。

正治：たくさんエンカウンター・グループに参加した人じゃないとできないんだというようなメッセージにはしたくないんです。僕は今回のデモンストレーションを外から見ていたんだけど，例えば永野さんがすごいファシリテートをしているわけですよ。

村山尚子（以下，尚子）：理解しようとしている。

正治：発言は少なかったけどね，いいところで聞いているんですよ。

一同：うんうん。

正治：でもそのようにやるのがいいんだっていう風には言わないほうが僕

はいいんじゃないかなっていう，モデルのようになったら違うな，その心配だけです。

尚子：永野さんが，PCAGIP が終わった後の振り返りで，自分は芦谷さんがどんな風に感じているか一生懸命ついていってたという風に表現されてましたよね。私はあれが大事なことだと思うんだけど。その……ベテランだとかなんだとかっていうよりも，そういう個人の永野さんがあそこにいてね，芦谷さんに起こっている心の状況とか場面の状況についていこうとされていたっていうのが，それはもう根本的っていうか，PCA の大事なところだと思うんです。その辺りが伝わっていけば……。

本山：そうですね。何を大事にしながらやっているのかっていう姿勢みたいなところが伝われば。

正治：そうそう。それはすごくいいと思います。だけど，これがモデルケースみたいな風になるとちょっと……。

尚子：それは大所高所からみるとそんな風になっちゃうけど，もっと地べたで考えてるよね，私たちは。

正治：こういう座談会は，それこそある種の生の声を出すみたいなことに繋がるんじゃないかな。

PCAGIP は相互作用が生まれる場

永野：さっき私が理解しようとしていたと尚子先生が言ってくださったのは，自分では覚えてなくて。だけど，それはたぶん，芦谷さんが皆さんの質問にすごく誠実に答えておられて，そうした中での相互作用で起こったような気がします。PCAGIP の参加者それぞれが聞きたいことを聞いているから，ああそうか，そういうのも確かに聞いてみたいよなぁっていう気にもなるし。何ていうか，皆がその場で考えて答えている感じみたいなことが伝わるから。

尚子：一人ずつの繋がりの中で考えて，感じている風には感じました。

永野：そうなんです。それも聞きたいし，でもそう考えてたらこれも聞きたいし，みたいな感じになっていって，そういう風な相互作用が生まれるところが PCAGIP にはあるなと思います。そう考えたら，確かに私の聴く姿勢って言われたらそうかもしれないけど，それは PCAGIP の場が作っているものでもあるなって思います。

尚子：場で作られていってる……。

本山：その中に永野さんがいる……。

尚子：やっぱり，内臓っていうか，体全体で感じているからね。それぞれが。

本山：積極的に一人ひとりが関わっていってる感じっていうのがすごく生まれてきますよね。

永野：なんか考えてるなって思います。

本山：それがさっき言われた相互作用で生まれるんですかね？　自然とそうなるっていう。

尚子：場を作っていってるって言ったら良いのかなあ。

永野：そうそう，そうなんですよ。それぞれにとっての場っていう風に尚子先生が考えてらっしゃるからかもしれないし，芦谷さんの誠実さみたいなものが大きいような気もするし。

尚子：うん，そうそう。大きいよね。

ファシリテーターの体験（話題提供者に対する理解）

尚子：芦谷さんがあの時，まあ，緊張してたやろうけども，段々と自分の内面に入ってきて。で，最終的には，自分が気負いすぎてたんかなぁとか，自分一人で頑張らなくっても良かったのかもしれんなぁみたいなことを仰っていて。芦谷さんにとってはなんかちょっと緩んだというか。あの場面はね。

芦谷：はい。

尚子：あの場面の，自分の立ち位置っていうのかな。ずっと10年間一人でやってきて，職場との関係性も良くなって，職場が要求することをちゃんと受け止めて，それを自分の能力っていうか，自分の内的なもので発揮していくのが自分は好きだ，という風に私は理解しててね。

芦谷：はいはい。

尚子：後輩が来ることで，職場と後輩との関係の中で自分は何をしたら良いのかしらみたいな。差し出がましいこともしたくないし，Aさんのパーソナリティもあるし。で，Aさんは自分からあんまり尋ねたりしない方だっていうことだしね。そんな中で自分はどんな風に役に立っていけば良いんだろうかって，そういうことを話題にして，自分と向き合っていこうとされていたんだなぁっていう理解はあってね。そう

いうことを一人ずつ感じるのが私の役割かなぁって思っていて。

本山：あぁ。

尚子：で，一人ずつにとって，あの体験はどうだったのかなっていうのを
もう一度自分で理解したくて。結構，参加者のそれぞれが良い体験
をしてる，自分にとっても新しい展開っていうのかな，それがあそこ
で起こってるっていうのが分かって。後から録画も見て，自分の体験
と照合しながら見せてもらったんだけど……。

芦谷：はい。

尚子：芦谷さんがあの体験がどんな風だったのかとか，その後自分はどう
いう展開をしてきているのかなぁっていうのを知りたくて。で，そう
いうのをまとめると，結局，あの時の PCAGIP がどういうものなのか
っていうのが浮き彫りになってくるんじゃないかな。

本山：なるほど。やっぱり今回は芦谷さんも一緒にもう1回体験を語り合
うっていうところが大事だと思うんですよね。

尚子：そう，そういう座談会になるのかな。

PCAGIP を含む一連のプロセス

村久保：今回，PCAGIP に至るまでのプロセスやその後のことを芦谷さん
も交えて語りあうと，PCAGIP を含む一連のことについて，PCAGIP
がもたらす世界を紹介できるかなと思うんです。単に PCAGIP の紹
介ではなくて，PCAGIP を含む一連のプロセスというか……。

本山：そうですね。PCAGIP って現場の組織を変えていくっていうか，そ
ういう迫力というか，魅力がありますよね。

正治：一般的な事例検討と違うところは，事例に入っていくんじゃなく，
事例も大事なんですけど，メンバーが変わる，組織が変わるっていう
のが実はありますね。

本山：そうですね，PCAGIP を通してそこにいる組織の人たちが変わるっ
ていう。

正治：そこが PCAGIP の狙いの一つでもあるんです。

お互いが対等に共通理解をしていく

村久保：それと，PCAGIP では，発表者とか当事者は事例の内容を知って

いる人，他のメンバーは知らない人っていう感じが段々なくなってくるんだなあと思うんです。発表者は知っているからそれを答えるっていうよりも，その場で考えるんですよ。なので，事例の発表者に聞いて，その人が知っていることを話してもらって成立するような，いわゆるカンファレンスの形とちょっと違うんですよね，立場やかかわり方が。PCAGIP の発表者も当事者だからもちろん事例のことを知ってはいるけど，他のメンバーと一緒に向かっていくというか。知らないことを深めていくとか，探究していくとか，共通理解していくとか。発表者の姿勢も，知っていることを答えるのではなくて，知らない，よく分からないことを明らかにしていこうという，仲間として皆が同じ土俵にいたかのような感じがしました。

永野：実際のカンファレンスでは，発表者が「よく分かんないんです」って言うと，フロアの偉い先生が答えを出すような，発表者が知ってるか，フロアが知ってるかっていう話になりがちな気がするんですよね。だけど，さっきの村久保さんの，お互い対等に知らないことを考えていく感じというのが PCAGIP のキーワードのような気がします。誰が知識の優位者かっていうことが無くなるのが最も大きいのかもしれないと思いました。

話題提供者の体験

永野：でもまあちょっと，芦谷さんはどんな感じだったかも伺ってみたいなっていう気がする。

芦谷：最初は，先ほど村久保さんが言われていた，事例提供者が知っているというモデルでやらなきゃ，みたいな感じがあって。メンバーから聞かれたときに，永野さんが「誠実に答えておられて」と言ってくださっていたんですけど，僕としてはなんか，知ってることを全部言わなきゃ，自分が知ってなきゃいけないんじゃないか，聞かれたことに対して答えを出さなきゃっていうのが最初は多分あったんです。

尚子：あったでしょうね。

芦谷：それが段々と，自分でも「あ，それ考えたことなかったな」みたいな質問を頂くと，なんか，今考えるのでも OK なんだって，一緒に考えていっている感じがしてきました。

尚子：段々 here and now で，自分の感じを確かめながら言える。第2ラ

ウンドあたりからはね。

芦谷：そうですね。第1ラウンドで散々しゃべったので，それで一旦落ち着いた感じがしました。その後の話で言うと，PCAGIP をちょっと職場でもやってみましたという話があるんですけど。

一同：へえ〜。

芦谷：ペアレント・トレーニングのようにかっちりとはしてないんですけど，保護者で集まってグループをしていて。その時に，いつも「最近気になることありますか」って聞いて進めていたんです。あのセッションの後くらいから，話題を出す保護者を一人決めて，その方の最近困ってることをみんなでそれこそ順番に，何か聞いてみたいことありますかみたいな感じでちょっとやって……。

永野：PCAGIP 風に。

芦谷：そうです。やってみたら，やっぱり質問をする順番が来るっていうのが良いんだと思うんですけど，保護者の質問に対して「ああ，そういう考え方したことなかったな」とか，そういう話が結構出ていました。そういった，僕の臨床の現場での活用っていうのがありましたね。

永野：それはその，PCAGIP の実践をした後？

芦谷：そうですね。以前はどこか合わせるように「そうそう，うちも困っているんです，やり方教えてください」って話になることが最初は多かった感じがするんですけど，「あ，うちはこうやったらうまくできました」って話が出てきたり。専門家から習うみたいな感じから，保護者同士でアイデアを出し合うみたいな感じになったかなっていう気がします。

尚子：一緒に考えていくっていうかね。

芦谷：そうですよね。

尚子：保護者のグループでも，そんな風に芦谷さんが感じていらっしゃるほど全体が変わってきている。そういう今があるんですね。

芦谷：はい。

永野：PCAGIP を実際にそうやって保護者さんたちとパッてやってみるっていう，そのフットワークの軽さはすごいなぁ……。

芦谷：PCAGIP をやるまでに何時間も研修を受けてっていうんじゃなくて，ちょっと順番に聞くシステムだけ取り入れてみようかという形でやらせていただいたので，しっかり PCAGIP をやったかというとちょっと分からないんですけど。エッセンスだけ，システムというか，2周

くらい質問していってというところを取り入れさせていただくだけで
も，なんかちょっとやりやすいというかですね。

尚子：他の人も同じようなことを言っていましたよ。順番に聞いていくの
を2周ぐらいやるだけでずいぶん違う。一番のポイントは，順番に聞
いてシェアしていくっていうか，その人たちのあり方についてシェア
していくっていうことに意味がある。

正治：やっぱりその背景には，日本のカルチャーがあると思います。日本
では，偉い人が先に言って，その後は意見が出なくなるんです。

尚子：同調になっちゃうのよね。

正治：全然本音を言えない。でも PCAGIP は一人ずつ順番に聞いていって
もらうってことで，大なり小なり意見が出ますよね。それでこの良さ
が出るんじゃないですかね。アメリカで PCAGIP を発表した人が言っ
ていましたが，アメリカ人は何で順番に言うんだって疑問に思うんだ
そうです。それは日本のカルチャーが違うからですって言って納得し
てもらった。日本の組織の中の不平等性に対して，PCAGIP ではみな
対等に言う権利があるんだっていうね。

一同：へえ〜。

板書をすることと金魚鉢方式について

正治：それから，PCAGIP でやりとりをホワイトボードに書くというのは，
みんなが情報を共有するという意味があるんです。コメンテーターと
か偉い人の意見をメモするだけじゃなくて，みんなが参加している。
そして全体の状況が見える。その発表者だけが関わっていると思って
いると，とんでもない。いろんな人が関わっているってことが，図示
することでよく見えるようになりました。つまり，支援というのは実
はネットワークでやってるんじゃないかっていうことを意識させられ
ます。

一同：うんうん。

正治：また，PCAGIP を金魚鉢方式でやる時の外の円の金魚鉢席の人のこ
とを，僕はオブザーバーとは呼んでいません。金魚鉢席の人にもよく
聴ける人がいるんですよね。「先生，あの人は今こういう気持ちで言っ
たんじゃないですか」とか。そういう発言に本人からも「そうなん
ですよ，私！」とかって言われちゃうとこっちもガクッと来ますよね。

だけどまあそれは僕のスタイルで，僕の弱点を補ってくれる人が外側
（金魚鉢席）で聴いてくれる人だったり，ファシリテーターを二人でや
る時のもう一人だったり……。

永野：正治先生はいつも多様性を大事にして，他の人の意見を必ず入れる
　　　ようにしますよね。金魚鉢の話にしても，そこが徹底してるというか。

正治：一つは僕の問題なんですよね。多様性が見えなかった自分の弱点を
　　　補う一つの在り方，みたいな。

永野：そうなんですよね。

尚子：それで PCAGIP を創設できたわけね。創造できた。クリエイティブ
　　　な PCAGIP に発展した。

正治：ある意味，弱さを強みに変えるってことですよね。自分の弱いとこ
　　　ろを責めるばっかりじゃなくて大事にして，それを補うにはどうした
　　　らいいかって考えるんですね。このごろ特にそうなんですけど。そう
　　　すると，人の力を借りないといけないんです。

永野：なんか皆そんなにこう……弱さをオープンにしない気がして。この
　　　前の正治先生の講演の時も思ったんですよね。耳が聞こえにくいから
　　　と言って，尚子先生がそばにいて，それを隠さないで，でも良い仕事
　　　をするために協力を仰いで一緒にやっていて，それで感謝してって，
　　　そういうのをすごく自然にされている。

村山正治先生と尚子先生のファシリテーションの違い

永野：それから尚子先生は，PCAGIP の時もそうなんですけど，発表者だ
　　　けではなくて一人ひとりが皆同じように大事なんだって仰るじゃない
　　　ですか。あの感覚みたいなものを，自分自身が上手く理解できたらす
　　　ごく良い気がするんです。

尚子：ああ，そうなんか……。そこら辺は，村山のあり方とは違うなとは
　　　最近思ってるんです。村山は場がすごくダイナミックに動いていくっ
　　　ていうか，そういうのにすごい魅力を感じるんだけど，私はグループ
　　　の中にいても，一人ずつの関係みたいなものを自分の中で感じている
　　　というあり方ではあるんですよね。

本山：なるほど。今回の PCAGIP でもそこにいる一人ひとりを大事にされ
　　　る……。

尚子：そうなの。生身の人間としてね。

本山：生身の人間としてそれぞれがそこにいる，その体験を大事にしていく。

永野：もちろん，誰もが尚子先生みたいになる必要はないと思っているんです。ただ，このファシリテーターはこんな風に感じて，これを大事にしてやっておられるんだなって。それで「あ，こういうやり方素敵だな」って思う人たちが，それをやるというのはなかなか良いんじゃないかと思うんですね。

尚子：クライエントセンタード・セラピーじゃないけれども，私は割とグループの中でも一人ひとりが今感じていることを理解しようとしているんです。それに対して，村山は全体のダイナミクスを感じ取るセンスっていうか，そういうものの最たるものを持っているんじゃないかな。

正治：その点は，今はこういう風に考えているんです。ファシリテーターのあり方は一人ひとり違った方が良いんだ，と。確かに僕は，全体のイメージがすごく大事ですね。その効用もある。でも問題もあるでしょう。尚子は確かに丁寧で，一人ひとりを見ている。これも一つのあり方として大事だなと思う。で，従来のセラピスト論の問題点は，これが良いんだっていうのを決めつけすぎる。ロジャーズはロジャーズのやり方でしかないですよね。ですから，これからはやっぱりそれぞれの人の，自分のあり方を作っていくっていう時代だと僕は思います。それぞれに限界はある。僕がなぜそれで生きてるかって言ったら，メンバーが私の限界をカバーしてくれるからです。メンバーへの信頼があります，僕は。

尚子：私と村山（正治）の関係が割と良いっていうのも，そういうところがある（笑）。

本山：(笑) ではそろそろ，今回の座談会を終わりにしたいと思います。皆さんありがとうございました。

一同：ありがとうございました。

付記：座談会の逐語記録作成にあたり，福岡大学大学院の池谷李花さん，松浦美咲さん，杉田美咲さんにご協力いただきました。心より感謝申し上げます。

第 10 章

動画で見るアンティシペーション・ダイアローグの実際

PCAGIP と AD が大事にしている 5 つの視点

本山智敬

Ⅰ．はじめに

　第 10 章では AD（Anticipation Dialogues）について取り上げます。

　PCA と OD・AD との共通点については第 3 章，第 4 章でもさまざまな観点から論じていますので，そちらも参考にしていただければと思います。そこでは主に，「プロセス」や「共創」，あるいは「当事者の尊重」や「社会変革志向」といった，両者の「基本的視点」に関する共通点がまとめてあります。ここでは特に，PCAGIP と AD という，それぞれの基本哲学から生まれた 2 つの実践方法の共通点を改めて考えてみたいと思います。

　PCAGIP（ピカジップ）は，PCAG（PCA グループ）と IP（インシデント・プロセス）を組みわせた造語であり，PCA の哲学を事例検討法に取り入れることを目的として村山正治によって作られました（村山・中田編，2012）。現在は，教育現場はもちろん，医療や福祉，司法・矯正，行政など，さまざまな分野で活用されています。

　一方で AD は，日本では「未来語りのダイアローグ」とも呼ばれ，主に他職種連携による支援や組織開発に用いられる対話的アプローチです（Seikkula, J. & Arnkil, T. E., 2006）。第 5 章では筆者らが視察したフィンランドのロバニエミ市の事例を紹介していますので，詳しくはそちらをご覧ください。

　この 2 つの対話的アプローチには，それぞれ日本とフィンランドという全く異なった場所で誕生したにもかかわらず非常に多くの共通点があります。そのことがとても興味深いと共に，筆者はそこに何か不思議な縁を感

じています。両者の具体的な進め方は全く異なるため，一見，共通することなどないようにも思えますが，両方を体験してみると，実践上の工夫の仕方に多くの共通点がみられます。もっとも，根っこにある思想が似ているので共通するのは当たり前かもしれません。しかしながら，それらを丁寧に確認することで改めて対話を行う上での大事な要素が浮き彫りになってくるのではないかと思われます。

II．PCAGIP と AD の共通点

ここでは両者の共通点と考えられるものを5つ挙げました。以下，それぞれについてみていきたいと思います。

1．人が主役である

まず初めに挙げたいのが，両者とも「人」が主役であるという点です。これはごく当たり前のようで，日常ではそうではない話し合いが意外と多いものです。

PCAGIP では「事例が主役ではなく，事例提供者が主役」と捉えます（77ページ参照）。通常の事例検討会では「事例」の理解と今後の対応についての検討に重きが置かれますが，PCAGIP ではその事例にかかわる発表者自身を参加者全員で理解していこうとします。そうしたプロセスの中で，自ずとその事例の理解や今後に向けてのヒント，気づきが生まれてくるのです。また，参加者一人ひとりも，その話し合いを通して相互理解が深まったり，それぞれにとっての学びが起こります。そうした参加者一人ひとりのプロセスも大事にしています。

AD にも，「参加している全員が主役である」という考え方があります。当事者が主役で支援者は脇役ということではありません。当事者が困っているのはもちろんのこと，その支援者たちも今後の支援についてそれぞれに心配ごとを抱えており，AD の話し合いを行うことによって，そこにいる一人ひとりが今後自分がどうしていけばいいのか，その見通しが持てることを目指します。

このように両者とも，そこにいる「人」そのものに焦点が当てられ，発表者や当事者を含む参加者一人ひとりが大事にされるような対話を行おうとしています。

2．参加者同士が対等でいられるための工夫

　参加者一人ひとりが大事にされるためには，お互いが対等であることが重要です。

　PCAGIP では，「参加者が発表者に対して順番に一人一つずつ質問をしていく」という形式で進めていきます。つい，同時にいくつも質問をしたくなることがありますが，それによってやりとりの場を独占してしまわないよう，質問は一人一つずつ行なうのが基本です。AD でも，ファシリテーターが同じ質問（40 ページ表 3 参照）を参加者一人ずつに対して行っていきます。他の人はそのやりとりを黙って聞いています。そこには，「『話す』と『聞く』を分ける」という考え方があります。

　このようなルールがあるのは，力の強い人，声の大きい人の意見が中心になるのではなく，力の弱い人，声の小さい人も平等に意見が出せるようにするためです。集団の中でこうした力関係を扱うのはとてもデリケートで，対話の途中で軌道修正していくことは非常に難しいので，両者ともこうした「構造」を作り，話せる時間を平等に確保することで対処しているのだと思われます。

3．批判的な話し合いにならないための工夫

　もう 1 つ，批判的な話し合いにならないようにするための工夫が両者にはみられます。

　PCAGIP には，「相手を批判しない」というグラウンド・ルールがあり，開始時にそのことが確認されます。発表者への声かけを「質問形式」にしているのは，アドバイスや提案，指摘という形で発表者を暗に批判することにならないようにするためです。質問形式であっても，時には批判的な意味合いが含まれることがあります。質問がある程度出尽くした後にそのような状況が生まれる場合があるため，ファシリテーターは，質問の質が変わり始めていないかに留意しながら，質問のやりとりを 2 周目か 3 周目あたりでいつ切り上げるか，そのタイミングを繊細に見ています。

　AD でも，対話の背景にある「メタ・コミュニケーション」に注目しています（41 ページ参照）。うまくいっていない現在の視点で話をすると，原因探しや悪者探しといった批判的な話し合いになる場合がありますが，うまくいっている未来の視点から過去を振り返るような形で話し合うことにより，同じ内容でも文脈を変えて，それぞれの思いや要望を伝えやすくし

ています。

　このようにお互いを批判し合わないような話し合いができると，場の心理的安全感が増してきます。筆者もグループワークを行う際に，事前に相手を批判しないというルールを伝えておくと，後の参加者アンケートに「そのおかげでとても話しやすかった」という感想が書かれることがあります。批判的な伝え方にならない工夫は，安心して話し合いをすることができるための大事なポイントです。

4．多様な視点を創出するための工夫

　参加者それぞれの視点から多様な意見が出るようにするには，どうしたらいいでしょうか。

　PCAGIP では，参加者の人数が多い場合は二重の円を作り，内側の円の人たちが主に話し合いを行い，外側の円の人たちはそれを静かに聞く，という構造を作ります。いわゆる金魚鉢（フィッシュボール）方式と呼ばれるもので，発表者やファシリテーターを含む内側の人たちを「金魚」，外側の円の人たちを「金魚鉢席」としています（82 ページの注１参照）。その際，PCAGIP では金魚鉢席の人たちを決して「オブザーバー」（話し合いの外にいる人）とは捉えません。PCAGIP の最後の方では，金魚鉢席にいる人からもこれまでの体験の感想や意見を出してもらうことがあります。また，記録係をしている人にも意見を求めます。出てきた意見を板書していく中で，内側で話している人たちとは異なる，全体を俯瞰して見るような視点を持っていることがあるからです。こうして，「金魚」，「金魚鉢席」，記録係がそれぞれの立場から意見を出し合うことで，多様性を生み出そうとしています。

　一方，AD では，うまくいっている未来から過去を振り返り，今のようにうまくいっているのはどういったことが関係していそうかを，参加者一人ひとりにできるだけ具体的に答えてもらいます。ファシリテーターは，当事者や家族はもちろん，それぞれの立場の支援者にも「いつ，誰に，どんなサポートを受けたのか」，「いつ，誰に対して，どんなことを行ったのか」，「以前はどんなことを心配していたのか」などを詳細に聞いていきます。うまくいっている未来とはあくまでも架空のものなので，その未来から振り返って語られるエピソードもそれぞれの参加者の想像（創造）なのですが，これをできるだけ具体的かつ詳細に語ってもらうことが重要です。そこで出てきた内容が，その後現在の時点に戻ってから今後の支援計画を

考える上での「ヒント」になるからです。こうした未来語りという特殊な設定を取り入れることによって，通常の支援計画ではとても思いつかないようなアイデアが生まれてくることがあります。

5．板書を利用した情報の可視化と共有

　PCAGIP，AD 共に重要なのが，板書です。両者とも，参加者は基本的にメモを取らず，話し合いに集中します。その代わり，ホワイトボードや模造紙を準備し，記録係を置いて，話された内容を書き出していきます。そして，PCAGIP の途中でこれまでのやり取りを確認したり，AD において今後の支援計画を立てるときに活用したりします。

　話されたことが板書され，可視化されることによって，参加者全員で情報を共有することができます。もし伝えたことと書かれていることのニュアンスが違うと感じたら，適宜修正することも可能です。両者がこのように板書を取り入れているのは，全員で話し合い，共に理解を深めていく協働のプロセスを大事にしているからです。このことを PCAGIP では「共創」，AD では「共進化」と呼んでいます。

Ⅲ．おわりに

　これまで確認してきたように PCAGIP と AD との間には共通点がいくつもある一方で，相違点もみられます。筆者が最も異なると思う点は，参加者の構成です。PCAGIP はもともと事例検討法として開発されたので，基本的に事例の当事者が参加することはありません。一方で AD は多職種連携による支援の場として活用されますので，参加者の中に当事者も含まれることになります。また，PCAGIP では，参加者のメンバーシップは通常のカンファレンスと同様にその時の状況によって決まり，特に制限はありませんが，AD では参加者の一人でもある主催者がそのミーティングに誰を招待するかを考えるところから計画していきます。このように，参加者の構成や開催の仕方に違いがあることが両者の主な相違点として挙げられます。

　ただし，ミーティングの目的や参加者の構成の違いがあるにせよ，先述のように両者ともミーティングに参加する「人」に焦点を当てていますので，話し合いによって発表者や当事者をはじめ，参加者一人ひとりが変化していくことによって，その集団全体が変化していくことがあります。ミ

ーティングを行うことによって，その集団の風土が変わっていく。そうした特徴が PCAGIP と AD の両方にあり，それが組織開発への活用に繋がります。

　最後に余談ですが，筆者たちは仲間内で AD を個人の成長ために用いることがあります。自分の将来のことについて考えたいという人がいたら，その人の理想が実現している未来にみんなで出かけていき，理想が実現するまでに何があったのか皆で語り合うのです。そうしたセッションを30分ほど行うだけでも，本人はこれから行うべきことのヒントを見つけたり，皆に支えられて心が温かくなる体験をします。平井も大学での「キャリアデザイン」の授業に AD を活かしています（本書第 3 部第 16 章）。PCAGIP においても，必ずしも事例でなくとも，本人が個人的な対人関係や組織の中で困った状況を取り上げ，その詳細を知らない（かかわりのない）参加者が一人ずつ質問していく形で，本人が置かれた状況や今の思いについて皆で理解を深めていくことも可能です。このように，PCAGIP と AD は共に，これからもさまざまな形で応用することが可能な，発展性のある手法だといえます。

文　　献

村山正治・中田行重編（2012）新しい事例検討法　PCAGIP 入門―パーソンセンタード・アプローチの視点から．創元社．

Seikkula, J. & Arnkil, T. E. (2006) Dialogical Meetings in Social Networks. Karnac Books.（高木俊介・岡田愛訳（2016）オープンダイアローグ．日本評論社．）

第 11 章

アンティシペーション・ダイアローグの実際

不登校傾向の高校生とのネットワーク・ミーティング（ロールプレイ）

永野浩二

Ⅰ．はじめに

　パーソンセンタード・アプローチ（以下 PCA）の実践者である私たちは，フィンランドでのダイアローグ研修で，非常に沢山の刺激を受けました。研修で感じたこと・考えたことについては，第 5 章をご覧下さい。個人的に印象的だったことを要約すると以下のようになります。

・全ての人を当事者として，ひとりひとりを大事にしていること。その姿勢が PCA とダイアローグは共通しており，私自身が好きな哲学であったこと。
・私たちに本質的に必要なもの――"表現すること，応答されること"を大事にしていること。
・「豊かな交流（対話）」により，1 人では解決できない困難に対して，皆の知恵で取り組むシステムが明確であり，そこに希望があること。そして，こういったグループの知恵は，私たちがエンカウンター・グループで実感していることでもあったこと。

　私たちは，フィンランドで体験したこと，それ以降考えたことを，実際に言葉にしたり，試してみようと体験型の研修会を数回開催しました。3回目の研修会で，アンティシペーション・ダイアローグ（以下「AD」または「未来語り」と表記）のロールプレイを一般参加の方たちとご一緒したところ，大変好評でした。気を良くした私たちは，PCA の関係者が行うダイアローグを実際に映像も含めて公開してみようということになりました。映像によって伝わる事も多く，今後，議論がしやすくなると思われた

からです。

　ただし，実際の事例は守秘義務もあるため，研修会で行ったようにロールプレイでの公開になります。真剣にロールプレイを行ったことがある人には，思いもよらない感情の変化や気づきがその場で生じることをよくご存知のことと思います。筆者もクライエントの理解のために，そのクライエント役のロールプレイを行って面接への理解を深めたことがありますし，その後の自分自身の臨床活動に生きる学習をしたことが何度もあります。今回のロールプレイでもそういった体験をしました。沢山のことを感じ，考え学びました。

　その中から，以下のことを伝えることに意味があると思っています。

　①私たち PCA カウンセラーがダイアローグのファシリテーターをやる
　　際に気をつけていること，行っていることの公開
　②そこで生じていたプロセス（PCA カウンセラーが行った場合に生じ
　　る可能性があるプロセス）の紹介

　ただし，PCA のありようは非常に個別的なものでもあります。共通する部分が多いかもしれませんが，あくまで筆者個人の意見でもあることをお断りしておきます。

II．ロールプレイの概要

　このロールプレイの映像は，213 ページ掲載の URL からから観ることができます。映像は，2 時間のセッションを 30 分程度（およそ 1/4）にまとめて全体の流れを追うことができるようにした短縮版と，この章で紹介している対話の部分を加えたやや長いバージョン（70 分）の 2 つをご覧になることができます。

1．AD 参加メンバー

　今回集まったメンバーで AD のロールプレイの内容を考えました。同時に，希望や推薦などで配役がその場で決まっていきました。内容と配役決定までの時間は 1 時間くらいだったと思います。その間，ファシリテーター役の 2 人は，内容等を一切聞かないように離れた部屋にいました[1]。さて，役割としての参加メンバーは以下の 7 名です[2]。

- 本山さん：スクールカウンセラー。困り事の当事者として，今回のダイアローグの呼びかけをした人[3]
- 西木翔太郎君：高校3年生　不登校気味。本山さんのクライエント
- 西木さん：翔太郎君の父親
- 都能先生：保健室の養護教諭
- 久保先生：翔太郎君の担任の先生
- 永野：今回のADのファシリテーター（主に進行役を担当）
- 北田さん：今回のADのファシリテーター（主に記録係を担当）

2．ADの基本的な質問と手続き

ADで行われる基本的な質問と手続きを以下に記します（表1）。

3．本山さんのworry（困り事）の紹介

初めに本山さんから，今回のADの呼びかけ人として，以下のようなことが率直に語られました。

「カウンセラーとして西木君と会っている。1年前（高2）の今の時期（9月）から西木君の休みが増え始めたが，頑張って3年生になれた。大学にぜひ進学したいという思いを聞いて，支えていきたいと思っている。しかし，週1回で支えられるか心配。ここにいる関係者による支援がより必

表1　ADの質問と手続き

Q1：1年後（または○カ月後），あなたはとてもうまくいっています。あなたが特に嬉しいのは，どんなことですか？　何がどうよくなりましたか？
Q2：それはいつ起こったのですか？　いつ○○○が解決しましたか？（具体的に聞く）
Q3：良い結果になったのは，あなたが何をしたからですか？　工夫したことは？また，一体何が助けになりましたか？　誰がどのようにあなたを助けてくれたのでしょうか？
Q4：1年前には何に悩んで（心配して）いたのでしょうか？　その時の問題点は何？そのために何をしましたか？　何があなたの不安（その悩み）を和らげた（小さくしてくれた）のでしょうか？

〈手続き〉「上手くいっている未来」にイメージの中で飛び，ファシリテーターは，家族にQ1からQ3まで，スタッフにはQ3のみを一人ずつ尋ねる（1巡目の質問）。次に，全ての人にQ4を尋ねる（2巡目）。その後，現在に戻り，明日からできそうなこと（計画）を尋ねる（3巡目）。

要だと感じている」

4．今回の AD の全体の流れ

今回行った AD のロールプレイの全体的な流れを簡単に説明します。

まず，カウンセラーの本山さんが，今回の AD を呼び掛けた理由について話しました（上記3．の部分）。その後, 本山さんより参加者の紹介が行われました（上記1．の部分）。

次にファシリテーター（以下，筆者）が，今回の AD について説明（アイデアを出しやすくするために「うまくいった未来」へ皆でイメージ上で飛ぶこと，うまくいった未来で筆者から一人ずつ質問をさせてもらうこと，一人が話している間，他の人は静かに聞いてもらうこと，人の話を聞くと自分のことがわかる場合があること等）をしました。

未来の時期については，翔太郎君の希望も取り入れて半年後（この時が9月だったので想定する未来は翌年3月）に設定しました。未来へ移動するイメージがしやすいように，筆者がガイドをしました（この辺りの説明やガイドについては映像をご覧下さい）。

①1巡目のファシリテーターからの質問（Q 1～Q 3の質問）

質問は，西木さん（クライエントの父）からスタートしました。この時，西木さんは，翔太郎君とのかかわりを明るく饒舌に語りました。その次に，翔太郎君に質問をしました。翔太郎君は,終始うつむきがちで声も小さく，言葉になるまでにしばしば時間がかかりました。言葉数も多くありません。しかし，考えながら誠実に答えてくれているようでした。「うまくいったことの助けになったこと」について筆者が尋ねると，助けてくれた人，かかわりが増えた人として，母親や姉，久保先生の名前が挙げられました。さらに筆者が待っていると，最後に「……ちょっとウザイけど，お父さんとも（かかわりが）増えた」と話しました。

②2巡目の質問（Q 4）

翔太郎のこの言葉は，2巡目の西木さんの語りを大きく変えたようでした。1巡目の筆者の質問では，西木さんは，翔太郎君とのかかわりについて楽しそうに語っていました。しかし，2巡目の Q 4の「以前お困りだったことは？」という質問に対して，「（私は）翔太郎のことがわかっていなかった」，しかし，「息子のことを知りたいという思いはありました」と語

りました。また，「（うまくいったのは）全ては息子の力だと思う」「（私が）
妨げにならないように，心がけた」と話しました。この語りの変化は劇的
でした。筆者には，不器用な父親としての愛情と，翔太郎君との関係の難
しさを感じつつそれを理解し，受け止めておられることが伝わるような気
がしました。

　都能先生，久保先生，カウンセラーの本山さんからは，それぞれの支援
のありようについて，またお互いの連携が助けになったこと等が語られま
した。久保先生が途中で，「いいチームだったと思います」と語られました
が，その場の雰囲気からも，それは伝わる気がしました。

③3巡目の質問：明日からできることの計画案

　その後，3巡目の「明日からできそうな計画」について，各々が話しま
した。最後に筆者が翔太郎君に尋ねると，「塾に行く」と短く答えました。
そして，「あと，できたら……国語と日本史の授業には出る」と自ら付け加
えました。

　これには一同が驚きました。

④ロールプレイ後の振り返りと感想

　ADのロールプレイが終了した後，それぞれの体験を振り返りました。翔
太郎君（の役の彼）は帰りの車の中で父親と話すであろう内容について語
った後，そんな風に話せる気がした理由を，この場の雰囲気で「勢いがつ
いた」ことに加えて，「やっぱりお父さんが自分とコミュニケーションを取
りたがっているというのを知れたのが大きい」と話しました。また，「この
会が終わった後，本山先生に，『10月にもう1回（こういうミーティング
を）やりたい』と話すと思います」と語りました。これにも一同が驚きま
した。ADの最中の翔太郎君の語り口は，一貫して静かで声も小さなもの
でした。ですが，今回のADの場が，翔太郎君（役）にとっては，良い体
験，エンパワーされた体験であったことが感じられる発言でした。

Ⅲ．ロールプレイの解説

　次に，今回のADについて，いくつかのポイントに絞って紹介したいと
思います。ここでは，PCAのカウンセラーである筆者が，ADのファシリ
テーターをする際にこころがけていたことや，そのことが現れている場面

を紹介します。また，メンバーの体験およびグループのプロセスについても紹介します。

　なお，対話は読みやすいように繰り返しや間投詞などの言葉を省略して記載しています。ここで紹介した対話は，ロングバージョンの映像で確認できます。実際に映像をご覧になって雰囲気を感じていただけると嬉しく思います。

　では，まずは，筆者が今回のかかわりで行っていたこと，心がけていたことを紹介します。

1．丁寧に聴くこと

　筆者らが実践している PCA のカウンセリングでは，他学派と比べておそらく最も傾聴[4]を大事にする学派です。今回の映像を筆者自身見直してみると，理解したことを話し手に丁寧に確認すること，新しい話が出た時には必ず応答をすること，参加メンバーの名前が出た時にその場で共有するようにすること，などを行っています。また意識はしていませんでしたが，金魚鉢席のメンバーから，「永野先生は相手によって姿勢や声の大きさ，話す速度まで変わりますね」と言われました。相手の雰囲気を理解しようとしているとそうなるのかもしれません。

　次の記録は，カウンセラーの本山先生に，未来語りの時期までの半年間で生じたよい変化とその工夫について聞いた箇所です。良い変化の一つとして面接場面での「話題の広がり」について話しています。

〈本山①〉
本山：いろんな話題が広がった感じがしました。
…（略）…
永野：それっていつぐらいから？
本山：年明けぐらいからですかね。…（中略）…あと，受験が終わった後
　　　ですね。私も，まずは終わってホッとしましたし（笑）。
永野：皆さんにとって嬉しいことだったんですね。
本山：うんうん。

　上記の場面は一見，ささやかなやり取りです。
　本山①では，本山さんが「私も，まずは終わってホッとしました」と述べています。クライエントの翔太郎君（や彼をサポートしている人たち）

にとってもホッとすること，嬉しいことだったことが示唆されていました。筆者はそのことを伝え返しており，本山さんの頷きは，その理解が共有されたことを示しています。こういった話し手と聴き手のささやかな（しかし丁寧な）やり取りの積み重ねで，話し手には「確かに聴いてもらっている」という感じが出るようです。

　また，グループの中で，誰かが別の誰かに正確な理解を示すことは，その場にある種の安心感，安全感を与えると思います[5]。こういった対話は，他のメンバーにも話し手の感情や考えの理解を助けることにもなります。

　次の翔太郎君との対話も，そういった場面の一部です。筆者はＱ４の質問をしています。

〈翔太郎①〉

永野：翔太郎君にとって，半年前に困ってたことというか，気がかりだった事を教えてもらってもいいですか。

翔太郎：みんなが，自分（私）のやりたい事に反対しない，というか，賛成してくれるかな，応援してくれるかな……みたいな，こと。反対されたらどうしようかなみたいな……。

永野：そのことが心配だったんですね。「みんなが反対するんじゃないかな」って。

翔太郎：（小さく頷く）

永野：それがね，今，こんな風に解決して…（中略）…上手くいったりするのに役立ったこととか，意味があったということがあったら，教えてもらえますか。

翔太郎：う～ん……。…（中略）…本山先生と結構，相談した。

永野：結構，相談ってエネルギーがいると思うけど，頑張って相談されたんですね。

翔太郎：……あと，疲れた時は，都能先生はいつも保健室にいてくれたから，すごい安心（だった）。

永野：はい。「あそこ（保健室）で休めるな，都能先生がいるな」というのも良かったんですね。

翔太郎：……お母さんも，割と，応援してくれてた。

永野：それから，お母さんが，そういう風にして助けてくれた。

翔太郎：……あと，久保先生が，志望校とかのことで，すごいいっぱいいろいろ教えてくれた。

永野：志望校については久保先生がいっぱい相談に乗って教えてくれて，
　　　（それが）助けになったんですね。……そう考えたら，自分でも相談す
　　　るし，疲れた時は，「あそこ（保健室）に行けば大丈夫」ということも
　　　覚えてて，久保先生にも相談して情報ももらって，お母さんも話がで
　　　きて……。こういういろんなものが助けになってるみたいですね。
翔太郎：（永野が話す間に何度か頷く）

　上記の対話場面を，皆さんはどう感じられるでしょうか。筆者の応答は
文字にすると，ややくどいものに感じられるかもしれません。しかし，私
は，通常の面接でもしばしばこのように（割とこまめに）聞いたことを伝
え返すことがあります。新しく出てきた話題は，全て応答しています。ま
た，上記の対話の筆者の最後の箇所のように，それまで聞いたことを一旦
整理してまとめて返すことも，よくあります。できるだけ正確に理解した
いと思っているからです[6]。

　また，ADでは，話の中にしばしばその場の参加者のことが話題になる
ことがあります。ADの場で参加者の名前が出るということは，その人へ
の希望（どう助けてほしいか）や信頼（この人だったらそうしてくれそう）
を表現していることが多いと思われます。そういう形で自分の名前が出る
のは，その関係性の再構築が静かに進行している場面とも言えます。

　同時に，自分の名前が出ない時にも影響が生じています。孤独感やさみ
しさ，自分自身のあり方やその場の人との関係性について考える機会にな
る可能性があります。話題に上っているメンバーの名前を伝え返しながら，
その話題のメンバーの感覚に思いを寄せると共に，名前が出ていないメン
バーにも同じように意識を向けながら，その場にいることがあります。

　ところで，筆者の聴く姿勢について，振り返りの際に，翔太郎君役（の
彼）が次のように発言していました。

　　「永野先生が椅子ごと向き合ってくれたじゃないですか。あれが，す
　　　ごい…（中略）…話しやすくなったというか，やっぱり，『ちゃんと
　　　この人，向き合おうとしてくれているんだ』というのが伝わって，
　　　ああいう風にしゃべれたかなと思う」「受け取ろうとする態勢を取っ
　　　てくれているのが動作で伝わった」

　こういった「向き合ってくれている」と感じられる態度については，私

も，PCAの他のカウンセラーにしばしば感じていることです。「聴き手が何をしているか（doing）」も大事ですが，「聴き手の存在が話し手にどう体験されているのか（being：存在のありよう）」の方が，私たちには大事に思えます[7]。

2．希望を持って聞く・ポジティブに聞く

筆者は，その人のやっていることには意味があると思いながら聞くことが多いのですが，これはPCAのカウンセラーの特徴だと思われます[8]。
次に2つの対話を紹介します。

〈西木父〉
永野：半年前にご心配だったことを教えていただいてもいいですか。
西木：翔太郎のことが見えてない。何を考えてて，どういう方向に行きたいのか，とか，
永野：ほんとにその頃は「わからない」，って感じがおありだったんですね。
西木：はい。でも，息子の本当の気持ちとか，知りたいな，みたいな所はありました。
永野：こんな風に，解決というか，上手くいったのは，何が良かったみたいですか。
西木：私の力なんて，何も，果たしてない，というか，やっぱり，全ては息子の力だと思うんです。具体的に周りの方々がサポートしてくれた，そしてそれに乗って，自分でつかみ取ってくれた，と。そこだと思いますね。
永野：そういう意味では，翔太郎君の頑張りと，周りのサポートと，そして……。
西木：私（父）が妨げにならないように，心掛けたということ（です）。
永野：お父様は，わからないことを，<u>無理矢理わかろうとせずに，耐えて，入り込まないように工夫されてたって</u>，思ってよろしいですか？
西木：そうとも言えますかね。
永野：なかなか難しいことだろうと，（私自身も）父親としては思います。

〈翔太郎②〉
永野：何か，こんなことやっていて楽しいなとか，そんなことがあります

か？

翔太郎：家がちょっと明るくなった。

永野：うん！　家の中が明るくなった気がする。

翔太郎：(頷く)

永野：もうちょっと教えてもらってもいいですか？　どの辺が変わったみたい？

翔太郎：う〜ん……。なんか，笑うことが増えた気がする。

永野：家族が？　自分が？

翔太郎：自分が。

永野：ああ，そうですか。なるほど。じゃあ，<u>翔太郎君が明るくしているのかもしれない……</u>かなぁ？

翔太郎：う〜ん，わかんない。

　上記の2つの例は，話し手の肯定的な意図や肯定的な意味が筆者に感じられたため，下線部のような筆者自身の理解を伝えています[9]。その理解は，実際は正しいかどうかわかりませんので，筆者の発言は自然と疑問形になっています。こういう感じ方は，特に重たい症状や課題を抱えているクライエントとお会いする際には，危険性にも目を向けることと同じくらいか，それ以上に重要なことだと感じています[10]。

3．オープンさ

　PCA のカウンセリングでは，聴き手が自分の感情や考えを隠さないで，必要であればオープンにすることを大事にしています[11]。

　以下は，前述の2で紹介した〈翔太郎君①〉の少し後の対話です。受験をきっかけに周りの人とのかかわりが増えたことについて，翔太郎君は語っています。筆者は，具体的に誰とそうなったのかを尋ねています。

〈翔太郎③〉

永野：どなたとつながれるようになった感じですか？

翔太郎：う〜ん……。(自問するように) つながった……。お姉ちゃんとは増えた。……久保先生も……。

永野：ああ，久保先生ともね。

翔太郎：(考えている)

永野：元々つながりはあったけ，増えたなぁって感じがあるんですね。

翔太郎：う〜ん……と……，……お父さん。ちょっとウザイけど，お父さんとも増えた。

永野：ああ，そうですか（笑）。それは，他人事じゃないから耳が痛いな（笑）。

（他の人からも笑いが漏れる）

永野：……父親ウザイもんね（苦笑）。でも，お父さんとかかわりが増えたなぁって。

翔太郎：うん。ちょっとウザイけど。

永野：2回目ですね。心して聞きます（笑）。

西木：（笑）

永野：かかわりが「ウザイ程増えた」感じが，本当にあるわけですね。そんな風にして，いろんな人たちとのかかわりが増えたなぁって。…（略）…

翔太郎：うん。

　筆者にも娘がいます。仲はよいと思うのですが，同時に「可愛いから，こちらがかかわりたいからかかわる」というのでは，本人のタイミングとズレる場合があり，「気をつけないといけないな」と思うことが増えていました（この原稿作成時の娘の年齢は12歳です）。「他人事ではない」という私の発言は，多少ユーモアを交えて，「ウザイ」という刺激的な言葉を和らげる意図もあったのですが，私自身の率直な気持ちでもありました。関係の中で生じた感情については，私自身は，相手に押し付けるのではなければ，人間的な反応でもあり，悪くない気がしています。少なくとも，私はこの時，翔太郎君が自分自身の領域を持とうとしていることや，それと同時に，父親のかかわりが増えたことに対してall badでないことを語っていると感じていました。その両方を受け取りたいと思いました（1回伝えるだけでなく，2回「ウザイ」と伝えたことの意味も考え，「心して……」と伝えてもいます）。同時に，西木さんの父親としての苦労を思い，小さな共感を持っていました（「他人事ではない」の箇所）[12]。

　この他にも，今回のADでは複数の箇所で，オープンに感想を伝えているところがあります。

4．グループメンバーによる相互作用と語りの変化

　お互いの話を聞くことで，語りが変化していきます。II（4）の「全体

の流れ」に，西木さんの語りの変化や，西木さんの語りを聞いての翔太郎君の意思表明（「国語と日本史の授業に出る」）については，すでに述べています。筆者には，2人の語りは，難しくてもよりよい方向に，勇気を持って進もうとチャレンジする意欲を持った人の発言に思えました。

　さて，次の対話は，Q4についての都能先生との対話の一部です。

〈都能〉

永野：半年前にご心配だったことを，教えてもらえますか。

都能：西木君が，この先卒業できるのかなとか，あんまり頑張り過ぎないかなとか，その辺はやっぱり，すごい心配でしたね。

永野：（西木君が）頑張り過ぎて疲弊するんじゃないかなあ，というのが，1番心配だったということですね。（都能：はい）。それがこんな風に，ゴールまでいけて，都能先生にとっては，何が助けになったりだとか，良かったみたいですか。

都能：もちろん，本山先生とか久保先生たちと，情報交換してお互いにやれることをやっていくというのもあるんですけど，一方で，これは私自身の問題なんですけど，西木君が，もし，（学校に）行けなくなったりとか，そこでできなくなったりしても，ありなんだっていうところを，（私自身の）気持ちのところに持ってた，っていうのも，私にとっては大きかったかなと思います。

永野：「道はこれだけではないよ，いろいろあるんだ」と。

都能：はい，そうです。もし，留年とか，そういう悪い結果と言ったらおかしいんですけど，もし，できなくなったとしても，「ま，それもあり」っていうところを持ちながら関わっていくっていうのが，私にとっては，大事だったなあって（思います）。

永野：そういう心構えというか，選択肢を複数持っておく，というのが（都能：そうですね），心構えとしては，良かったんですかね。（都能：はい）

都能：その分，皆さんと情報交換できたので，割と早め早めに，いろんなことを声かけしたりとか，「もう休んだ方がいいんやない？」って言えたのも，それも大きかったかな。

永野：なるほど。そういう意味では，「休んだ方がいいんじゃない」と，心から言えた（都能：そうですね）んですね。（都能：はい）

永野：その他にも，もしあれば教えていただけたらと思うんですけど。

都能：その他ですね……。この前（半年前）の話し合いで，西木君の「卒
　　業して大学に行きたい」っていう気持ちが，「そうなんだ」というと
　　ころで，そこに支援したいっていう方向性がはっきりした，というの
　　も，大きかったのかなという気もします。
永野：彼（西木君）が，気持ちを決めた，方向性がはっきりした，それが
　　ちゃんと伝わったということが，こちらも，支援の方向性が決まった
　　感じ。
都能：はい。そんな感じがします。

　都能先生の発言は，筆者にとってはハッとする話でした。「これは私自
身の問題なんですけど」，「（留年も）ありなんだ」と立ち位置を定め，早
めに「『もう休んだ方がいいんやない？』って言えた」という語りの中に，
私は都能先生の覚悟（「言えた」の所にさまざまな思いを抱えつつもそちら
を選択した意思）のようなものを感じました。それで，筆者は『休んだ方
がいいんじゃない』っていうのが，心から言えたんですね」と伝えていま
す。「そうですね」という都能先生の応答は，そのことが共有されたことを
示しているかと思います。
　この都能先生の覚悟が2巡目で表明されたのは，ADの場で久保先生，本
山先生の態度や発言から，お互いの連携やサポートの雰囲気が伝わったた
めだと筆者には感じられました（もちろん，都能先生の本来の個性・持ち
味も大きいとは思いますが）。
　他にも久保先生が，「明日からできそうなこと（計画）」について語る際
に，それまでとは違う積極的な翔太郎君へのかかわり（進学先の情報提供）
を始めようと語られたりもしました。相互作用のプロセスの中から生まれ
たアイデアのように筆者には感じられました。
　こういう風に，2時間のADの中で沢山のプロセスが生じていたと筆者
には感じられましたが，こういったことが生じるためには，お互いが防衛
的にならずに，それぞれの体験（自分の体験も他の人の体験も）を受け止
めていけるようになれるような場が必要です。今回はメンバーに恵まれた
気がしました。久保先生が途中で，「いいチームだったと思います」と語ら
れましたが，「私もそう思います」と筆者は応答しています。

　「わかる」とは「つながる」体験でもあります。エンカウンター・グル
ープでは，メンバーの話を聞いていると，そのメンバーのことがよくわか

る気がすることがあります。実際に私自身がかかわったり質問していなくても，ただ聞いているだけ（実は真剣に心を使って「そこにいる」のですが）に見えても，話し手も一緒にいてくれた人たちに対してつながった気がすることがあります。つながりと相互作用によるプロセスを，PCA で私たちは「グループの知恵」「グループの力」と表現することがあります。

　さて，今回のロールプレイの最後の場面を紹介したいと思います。この AD の呼びかけ人の本山さんとの対話の一部です。

〈本山②〉

永野：最後に，これを企画してくれた，本山先生，最初のご心配が，今どんな感じになっておられるか，そのことを伺って，ひと区切りにしたいなと思います。

本山：今，お世辞とかそういうのでなく，とっても安心しましたね。やっぱり，……自分一人で考えてしまうところがあったんで，…（中略）…連携を取りながら，それから西木君ともまた，話していきながら。話して軽くなってきた感じがします。ご家族も含めて，これからもよろしくお願いします。

　最後の本山さんの worry についての「安心しました」という笑顔での発言は，心からのものであることが筆者に伝わり，そのことについては，もう何も言わなくていい気がしました。本山さんは，最初の worry を話す時も，専門家というよりも，休みがちな翔太郎君の進学希望に対する喜びと不安を率直に語っていました。こういう形で専門家が，自分の worry を当事者として語ることは，ある意味非常に勇気がいることだと思います。

Ⅳ．おわりに

　いかがだったでしょうか。実際のところは録画の部分をご覧いただき，ご意見・ご批判などをいただけると嬉しく思います。

　さて，今回紹介する AD の解説は筆者個人が考えたものです。ファシリテーターとしてのかかわりも，PCA のカウンセラーの特徴が出ているとは思いますが，第 1 章でも書かれてあったように，PCA は多様です。それは技法ではなく，ダイアローグ同様に哲学であり，生き方や態度のようなものと思っています。

　グループは全て 1 回限りで，生き物です。そこに参加している一人ひとりの個性と自由と創造性があります。この章の最後に，今回紹介する AD が読者の皆さんの創造に何らかのヒントになると嬉しく思います。

付記：デモンストレーションの作成にあたり，東亜大学大学院の越智翔太郎氏にご協力いただきました。心より感謝申し上げます。

　文　　献

Hirai,T. & Gho, M.（2016）Expertise in Counseling and Psychotherapy: Master Therapist Studies from around the World（Chapter 6 "Personal and Professional Characteristics of Japanese Master Therapists: A Qualitative Investigation on Expertise in Psychotherapy and Counseling in Japan）In：Jennings, L. & Skovholt, M. T.（Eds.）Expertise in Counseling and Psychotherapy. Oxford, pp.155-194.

Mearns, D. & Cooper, M.（2018）Working at relational depth in counselling & psychotherapy 2nd Ed. London: Sage（中田行重・斧原藍訳（2021）「深い関係性（リレイショナル・デプス）」がなぜ人を癒すのか―パーソン・センタード・セラピーの力．創元社．）

Rogers, C. R.（1986a）Reflection of feelings and transference. In: H. Kirshenbaum & V. Henderson（Eds.）The Carl Rogers Reader. New York: Houghton Mifflin. pp.127-134.（池見陽訳（2001）気持ちのリフレクション（反映）と転移（1986-1987）. In：伊東博・村山正治監訳：ロジャーズ選集（上）カウンセラーなら一度は読んでおきたい厳選 33 論文．誠信書房，pp.152-161.）

Rogers, C. R.（1986b）A client-centered / person-centered approach to therapy. In: Kutash, I. & Wolf, A.（eds.）Psychotherapist's Casebook. Jossey-Bass, pp.197-208.（中田行重（訳）（2001）クライエント・センタード／パーソン・センタード・アプローチ．In：伊東博・村山正治（監訳）ロジャーズ選集（上）．誠信書房，pp. 162-185.）

　注
1）この構造は，筆者たちがフィンランドの研修で AD の創始者のトム・アーンキル氏のロールプレイを受けた時のやり方を参考にしています。
2）その他にオブザーバーが 5 名おり，最後のディスカッションに参加しています。
3）AD の呼びかけや進め方については，本書第 1 部第 3 章Ⅲ（p.39）をご覧下さい。
4）「傾聴」とはカウンセリングではよく言われることですが，ここでは，次のような内容と意味を含んでいます。①できるだけその人の身になって寄り添うこと，②理解しようとすること，③本人の考えや感覚は本人にしかわからないため，丁寧に確認を取りつつ共有していくこと，④その繰り返しが話し手のプロセスを進めること等です。
5）その逆もあります。理解がズレると緊張も生じますが，そこに面白さ，興味が増すこともあります。またひとりの聴き手が中々理解できないからこそ，グループでの対話に意味があります（第 1 部第 5 章の永野の文章を参照）。
6）PCA の創始者のカール・ロジャーズは，クライエントが語ったことについて，こ

ういった伝え返しを，Checking Perceptions（知覚の確認）と呼んだり，Testing Understandings（理解の点検）と表現したりしていました（Rogers, 1986a）。

7） Being の体験は「関係性」の体験です。この関係性については，Mearns & Cooper（2005）が大変参考になります。

8）このことは，クライエントの「実現傾向への信頼」（Rogers, 1986b）とも表現されています（第 1 章参照）。

9）ここで西木さんは，「息子の本当の気持ちを知りたいな」との発言と同時に「私（父）が妨げにならないように心がけた」と発言しています。その両方を感じたので，筆者の傍線のような発言が出たのだと思います。

10）Hirai & Gho（2016）のマスターセラピストへのインタビュー調査研究では，熟練者であるマスターセラピストは，重篤なクライエントであっても成長（自律・自立）可能性への信頼を持っていることが報告されています。

11）カウンセラーの自己一致，透明性と説明されることもあります。エンカウンター・グループでは，しばしばファシリテーターが自身の感想やイメージ，時には体験について話します。ダイアローグでも，リフレクティング・プロセスを用います。

12）もちろん，聞かれもしないのに自分の娘のことを喋ったりはしません。オープンさにはある程度の必然性があると思います。

第３部　新しいコミュニティ創造の試み

〈自分自身が元気になる活動〉

〈他者とのつながりや世界平和をめざした歩み〉

第 12 章

ドリームプロジェクト

「ドリプロ」は誰にでも創れる

都能美智代

I.「ドリームプロジェクト」の始まり

　2011 年年末に，九重エンカウンター・グループ（福岡人間関係研究会主催）が，41 年という長い歴史に幕を下ろしました。スタッフだった仲間たちが，最後のグループを無事終え，せっかくだから打ち上げをしようと湯布院の温泉宿を貸し切り，温泉に入り，楽しい時間を過ごしました。その時でした。「このまま，会えなくなるのは寂しいな」「来年も何かしませんか？」「今度は，誰かのためではなく自分達のために集まりませんか？」「どうせするなら，自分のこれからのこと，夢とか今思っていることなど自由に話せる場がいいな」「みんなから，その夢やテーマをサポートしてもらえる時間がいいな」と意見が相次ぎました。毎年，4 泊 5 日のエンカウンター・グループの最中にはいろんな出来事が起こります。嬉しいことも苦しいことも共に経験し，協力し合って過ごしてきた仲間たちの，翌年から何もなくなる寂しい気持ちからの提案でした。そして，翌年の同じ時期に，また集まる約束をしてその打ち上げ会は終わりました。

　九重エンカウンター・グループのファシリテーターをしていた仲間たちが集まる会は，翌年 2012 年から打ち上げの時と同じ温泉宿で始まりました。会の名前は，「ドリームプロジェクト（Dream Project）」（通称ドリプロと呼んでいる，以下ドリプロという）と仲間の 1 人，平井氏が名付けてくれました。ここでは，このドリプロというコミュニティについて紹介したいと思います。

表1　大まかなスケジュール

第1日目	14時	集合
	〜14時30分	打ち合わせ
	〜18時	1人〜2人発表
	18時〜	入浴・夕食・団らん
第2日目	9時〜12時	2人発表
	〜14時	昼食・休憩
	〜18時	2〜3人発表
第3日目	9時〜11時30分	2人発表
	〜12時	次回の日程・世話人決め，解散

Ⅱ．ドリプロの構成

　ドリプロは，年1回，年末に行っています。宿は，湯布院の打ち上げをした宿，自然豊かな温泉宿を贅沢に貸し切って使わせて頂いています。2泊3日で行っていましたが，残念ながら，コロナ禍の2020年からは，場所を変え通いで2日間に変更しています。メンバーは，スタッフだった9人，年代は中年期・老年期の仲間達です。

　大まかなスケジュールは，表1のようになっています。このように，ドリプロは，構成的グループのような形式で行っています。

　初日に集まった後，打ち合わせの時間に，スケジュールを決め，順番は，希望を考慮しながら話し合いで決めています。各自の持ち時間は40〜60分で，各自自由に使っていますが，必ず時間内に，聞いているメンバーとディスカッションや感想を言い合えるような時間を取るようにしています。司会やファシリテーターは置いていません。唯一決めていることは，発表を終えた人がタイムキーパーをするということだけです。そして，最終日，全てのメンバーの発表が終わった後，次年度の日程と世話人（宿との交渉連絡役）を決め解散しています。

Ⅲ．話す内容

　話す内容は，基本的に何を話してもよいことになっています。具体的に例を挙げると，自分のこれからしたいことや夢，今思っていること，考えていること，悩んでいること，困っていること，読んだ本で考えたこと，

旅をして考えたこと，今取り組んでいる研究の検討，仕事で使いたいワークの開発など，多彩なテーマで話しています。内容について，今年は何を話そうかと事前に考えて，資料をしっかり準備して参加している人もいれば，事前に決めず，話す時の自分に聞いて自由に話す人もいます。そして，聞いているメンバーに，こんなことを一緒に考えてほしい，アドバイスしてほしいなどの時には，あらかじめリクエストして発表をしています。

　一方，聞き手は？　というと，その人の気持ちに寄り添って聴くことはもちろんですが，その人のやりたいことや夢が叶うために自分がサポートできそうなことを考えながら聞いています。そして，感想，アイデア，別の見方やアドバイスなどを伝えています。

IV．内容を少しだけ

　では，実際にはどんな話をしているか，具体的に展開した内容を中心にいくつか紹介してみたいと思います。

● 2014 年　自由音楽会が始まる

　2013 年のドリプロの村山尚子氏の時間では，「自由音楽会というのがあってね」という言葉から始まりました。「自由音楽会」の説明から，企画中であることが話されました。それを聞いていたメンバーからは，「面白そう」「そのやり方いいですね」「自分に何かできることがあったらしますよ」「参加したい」と関心が寄せられ，夜には自由音楽会の雰囲気を味わうミニ演奏会となりました。メンバーは自分達のできる協力を申し出，特に高松氏からの会場や機材の協力が展開の大きな力となり，翌年 2014 年3 月に「わたしたちの自由音楽会」が始まりました（自由音楽会の詳しくは，第 3 部第 17 章を参照）。

● 2016 年　スーパードリプロ in Vietnam の開催

　2014 年のドリプロでは，平井氏が「いつも湯布院でやっているので，たまには海外でドリプロするのはどうですか？」という提案があり，初海外での"スーパードリプロ"が実現されました。平井氏のコーディネートのもと，タイトなスケジュールの人もいましたが，全員参加しました。中には家族も同行したメンバーもいました。場所は，ベトナムの世界遺産の街"ホイアン"，古き街並みの美しい景色の中で，美味しいものを食べ，（飲

む人は）よく飲み，よく話し，よく笑い，観光し，買い物するなど，日本
では味わえない時間を過ごすことができました。

● 2017 年オープンダイアローグ（以下，OD）研修フィンランドツアー

2015 年のドリプロの夕食中でした。翌年からイギリス留学が決まった
本山氏の在外研究のテーマの話から，"OD" が話題となりました。そして，
どんどん話は盛り上がり，どんどん展開し，「私たちも本山さんがイギリス
にいる間に，OD を学びにフィンランドに行こう！」ということに。翌年，
本山氏は予定通りイギリスに留学し，着々と準備が進み，さまざまな人た
ちの協力を得て，フィンランド研修旅行に繋がったのです（この研修旅行
で学んできたことは，第 1 部第 5 章を参照）。

● 2017 年　未来語りのダイアローグ（以下，AD）を使ったワーク

フィンランド研修旅行から帰った年末のドリプロでは，村久保氏が AD
（Anticipation Dialogues）を使って，「これからの自分」を考えてみた
いと希望され，全員でワークをしました。村久保氏に当時の感想を聞くと
「上手くいっている，こうなったらいいなぁという半年後の未来から，過去
（今から 1 カ月後の未来）を振り返ることで，1 カ月先の未来が見えてく
る。今から未来を考えると範囲が狭くなったり，自ずと限界があり選択肢
がある程度決まってくるが，未来から見ると，今の見方から自由になった
り，可能性が見えてきたり，いろんなひらめきも出てきた。"今ここ" に
縛られない自由さ，奔放さを感じられるのが AD の魅力だと思う」と語っ
てくれました（第 1 部第 5 章を参照）。

●平屋生活の始まり

これは，私自身のことです。田舎で育った私は，いつか田舎で古民家み
たいな平屋で暮らしてみたいという淡い夢を抱いていました。ドリプロで
は自分の未来やこれからしたいことを話し，その平家住まいについて話し
た時，メンバーは，私が平家に住むことを前提として「その家で何をした
い？」「どんなことができるかな？」と投げかけてくれ，その家を活用して
いくアイデアを一緒に考えてくれました。物件を探す現実的なところを考
えていた私は，仲間たちを通して，そこで何をするのか，したいのかとい
うとても大事なことを考えるきっかけとなりました。

その後，偶然見つけたのが，今住んでいる平家（古民家）です。海外か

らゲストが来てくれたり，仲間と一緒にワークショップを開いたり，いろんな会をしたり，県外にいる友人たちの宿代わりになったりとこの平家は大活躍してくれています。

ここまで読んでくださった方は，ドリプロは楽しくて面白いことばかりしていると思われたかもしれませんが，それだけではありません。強調しておきたいのですが，ドリプロの時間は皆とても真面目に一生懸命取り組んでいます。自分の発表時間だけでなく，他の人たちの時間もとても集中して過ごしています。頭も心もフルに使い，最初の数回はまるでエンカウンター・グループに参加した後の疲れのようだと感じたものでした。いつの頃からか，徐々に肩の力が抜け，その疲れもほどほどになってきました。

ドリプロでは，ある時は，心の深いところに響き，涙します。

ある時は，自分の意見をぶつけ合います。

ある時は，他の人の言葉，気持ちが届き，じんわり心が温かくなります。

ある時は，時が止まったかのような静寂な時間だけが流れます。

ある時は，留まることのない創造力で，広い妄想の世界にみんなで行くこともあります（こんな時は誰も止めようとしませんが）。

ある時は，疲れ切っていたこころやからだが，少し元気になるのを感じます。

こんなふうに，ドリプロではいろんな時間が流れています。この時間がメンバーたちを繋げてくれています。

Ｖ．「ドリプロ」……自分たちにとっての意味

昨年機会があり，一人ひとりに「自分にとってのドリプロの意味」を仲間達に尋ねてみたので，ここに紹介したいと思います。

時期：2021年10月～11月。

方法：インタビュー7人，メールで回答してくれた人2人。

分析方法：メールで送られた文章と，録音したものを逐語で起こしたものから，共通するものを整理しまとめてみました。

1．自分が肯定され，安心できる，楽しい場である

・自分をそのまま肯定してもらう場である。

- 話す内容が，その人にとっての意味みたいなことも受け取ってもらっている感じがある。
- そのワークの時間だけでなく，そのほかの時間も含め，楽しい場である。
- 好きな人たちに会えるのが楽しい。
- 他の人からエネルギーをもらえる。
- ホッとできる安心できる。
- ゆっくりでき，贅沢な時間である。

２．仲間との繋がりを確認する場である

- 仲間との繋がりをその度に確認し，大事に思う。
- 自分の夢ややりたいこと，思っていることをその場で，自由に話せ，自由に計画できる。そして，いつも寄り添ってくれ，一緒に楽しんでくれる。また，ドリプロ以外の時でも気にかけ，声をかけてくれたり，サポートしてくれたりする。そして，実際にその自分の夢に参加してくれることもある。
- ドリプロを重ねるにつれ，その人の人生により深く関われている感じがある。その人の長い時間での成長ややりたいことの展開などが見られる。
- 純粋に仲間たちと共に，自分のことが話せる時間が貴重で愛おしい。
- 恩師を含め，好きな人たちと時間が過ごせることが嬉しい。

３．自分と向き合う場である

- 自分の原点や大事にしていることについて話せる場となっている。
- 年末に開催されるので，その年を振り返り翌年のことを立ち止まって考える時間になっている。
- 自分の人生「Life」「Dream」を豊かに考えられる。
- それぞれにオリジナルな生き方を見せてもらうので，自分の生き方のヒントになっている。
- 話すことで，自分の成長や変化を確認できる場にもなっている。

４．刺激になる場である

- 仲間たちの学んでいることや関心のあること，迷いながらやっていることなどを聞くことができ，とても刺激を受ける。

- 他の人の研究が聞け，刺激になる。
- 学びの場でもある。
- エンカウンターとは何かと改めて考える場にもなった。

5．仲間がいるからこそできる

- 話していると，思わぬ発想，アイデアが湧いたり，それが具体化したり，そして展開している……このことが面白い。これこそ，自分一人ではできないことである。

6．仲間から助けられることが他の人を助けることにもなる

- 仲間たちから助けられ感謝している。自分が助けられたことが，自分の生活の中で他の人を助けることにもなっている。この流れは，連鎖して循環していると感じる。

Ⅵ．この意味に影響したものは何か？

この上記に挙げたさまざまな意味には，おそらくいろんな要因が影響し合っているものと思います。その要因についていくつか考えてみました。

1つは，『場所の力』

オーナーご夫妻だけで経営されているその小さな温泉宿は，人里離れた山の中腹にあります。眼下には，湯布院の街並みが見えます。その宿を贅沢に貸し切って使わせて頂いています。雰囲気のある古民家の建物，いつでも入れる温泉，美味しい食事，オーナーご夫妻との何気ない会話，宿の飼い猫との戯れ，囲炉裏の炭火，ワーク中に淹れてもらうコーヒー……こうした環境の中で，日常から離れることができ，ゆったりと過ごせる時間が持てています。こういった場が，自分のことを深く見つめ，そして豊かな創造力を引き出す"見えない大きな力"となっていると考えます。

2つ目は，『仲間たち』

メンバーは，長年エンカウンター・グループでファシリテーターとして苦楽を共にし，協力し合った仲間で，エンカウンター・グループで培われた人間感・価値観をそれぞれに持っています。皆，個性豊かでバラバラです。年代は幅広く，他職種もいることが，このコミュニティの豊かさ，多

様性に繋がっていると考えます。日常の中でもコミットし，自分の企画に誘って一緒に行っていく時もあれば，一緒に食事して話す時もあります。そして，メンバーは皆，基本的に真面目で，とても活動的，変化を楽しむ，遊びごころも大事にしている人たちが集まっているので，考えたことを実行していく行動力を持っているのも，このコミュニティの特徴になっているのではと思います。ドリプロを通して，お互いから刺激やアイデア，励ましや元気をもらいながら共に歩める仲間になりました。

3つ目は，『この会の平等なやり方』

この会は，1人に同じ持ち時間が与えられ，持ち時間は自由に使っていいことが保証されていること，決めていることはタイムキーパーだけということが，平等性に繋がっていると考えます。この「ドリプロ」が，年齢差とか立場の違いなどから解放され，一個人として参加できる会になるために，この平等性の役割は大きいと考えています。

4つ目は，『ドリームプロジェクトというネーミング』

この会の名前が「ドリームプロジェクト（Dream Project）」と名付けられたこともこの意味に大きく影響したのではと考えています。もともとエンカウンター・グループを一緒にやっていた私たちが，この会を「○○エンカウンター・グループ」と名付けていたら，出会いとか自己実現とかそういう固定したイメージになりやすかったのではと思います。また，「研修会」「勉強会」となると，その名前に引きずられ，制限された活動になったかもしれません。「ドリームプロジェクト」と名付けられたことで，より自由に，よりバラバラに広がったのではと思います。

VII. 「ドリプロ」は誰にでも創れる

ドリプロは，同窓会みたいに仲間とまた会いたい，話したいということから始まりました。最初の数回は，皆それぞれに仕事が忙しくこの会を続けるのは難しいかもと思う時も正直ありました。それが，自由音楽会が始まった頃からでしょうか。「自分と向き合う」だけでなく，仲間たちと何か新しいことを企画してみる，実際にやってみる，そこからまた新しい出逢いがある，手応えがある，その時のさまざまな気持ちを共有できる人たちがいるという嬉しさを知った頃から，このコミュニティも変化してきたよ

うに思います。徐々にいろんな企画・活動が展開してきました。そしてメンバー同士は，関係性がより深くなってきたと感じています。その核となったのが，「ドリプロ」の時間です。このように「ドリプロ」は，すでにあるコミュニティを活性化していく機能もありました。

　近年，ストレスの多い現代社会を生き抜くために，サードプレイス（第3の居場所）の重要性が改めて見直されていますが，この「ドリプロ」は，メンバーにとっての"サードプレイスの一つ"であると思っています。義務や必要性に縛られるのではなく，自らの心に従い，進んで向かうところ，そして，安心して自分らしくいられるところです。

　読者の皆さんの中で，サードプレイスのような，リフレッシュできる，自分らしく心安らげる場を創りたいと思っている人，今あるコミュニティを元気にしたいと思っている人がいたら，「ドリプロのようなやり方もあります」と提案したいと思います。中でもこのやり方は，対人援助職の人たち，誰かのために頑張っている人の相互支援に向いているのではと考えています。あなたの周りにいる気の置けない，安心できる人たちと，年に一度くらい，一緒に「自分を大切にする時間」を自分たちに合ったやり方で過ごしてみる。そして，お互い自分のできるサポートをしてみる……お勧めです。

Ⅷ. おわりに

　「ドリプロ」は，今年で11年目を迎えました。ドリプロの根底には，「あなたはあなたのままでいいよ」という空気感がいつも流れています。個人的には，このコミュニティの中にいると，今の自分でいいんだといつも確認でき，一人だけどひとりではないと感じます。またチャレンジすることや失敗することを以前より恐れなくなってきている自分も感じます。

　中年期，老年期にいるメンバーです。最近では，家族や友人の喪失，病気との付き合い方，老いていく自分ができることなどテーマが少しずつ変化してきました。これからも変化し続けるのでしょう。これから一人ひとりがどんなふうに生きていくのか，どんなことが生まれ育っていくのか……，次回の「ドリプロ」を楽しみたいと思います。

第13章

幸せな働き方・生き方の創造

永野浩二

Ｉ．はじめに

「あなたにとって，"幸せな生き方・働き方"とはどのようなものですか？」

　皆さんは，自分自身の幸せについてどのくらい考えているでしょうか。本章では，幸せな生き方・働き方について考えてみたいと思います。

　では，このテーマについてご一緒する前に，まずは少しだけ私自身の話におつき合い下さい。

Ⅱ．私自身のこと

1．人生に迷った

　私は40歳を目前に控えた頃，人生に迷い始めました。その当時，大学教員としての私の仕事量は激増し，毎日，たくさんの作業に追われるようになりました。組織の中での日常業務には，臨床や教育，研究の仕事とは異なり，私には不得意だったり関心があまりなかったりする内容のものも多く含まれていました。日付が変わってから帰宅するということも増え，次第に妙な焦りが出てきました。毎日が物凄いスピードで過ぎていくのに，自分のやりたいことがほとんどできていないような気がするのです。気がつくと40代に突入し，現役でいられる時間が気になり始めました。

　「このままでいいのだろうか？」（いや，全然よくない！），「望む自分になれないのではないだろうか？」（でも，望む自分ってそもそも何？）……そういった自問自答が繰り返し浮かぶようになりました。

　ところで，この問い自体は，実は中年期に始まったものではありません

でした。たとえば，私の「望む自分」の中には「優れた臨床家になる」というものがありましたが，これは心理臨床の道に入った 20 代の頃から抱えている課題でした。もっと言えば，そもそも子どもの頃から私は「優れた何者か」になりたかったのだと思います。

　20 ～ 30 代には，心理臨床家として，うまくいかない面接場面に出会うと，「もっと多くのトレーニングをしよう」とか「もっと沢山の経験を積まなければ」と思い，より多くの訓練や面接を行うようにしていました。量をこなせば質が変化するのではないかと漠然と思っていたのです。私の場合，それは幻想でした。時間に限りがあるとリアルに気づき始めた中年期に入ったことで，私は，改めて自分の課題に取り組む必要に迫られたのでした。

2．それは普遍的な悩み？

　自分自身の生き方・働き方に迷い出して以降，私は結構沢山の本を読みました。当時，実家への経済的な支援の問題も抱えていました。そのため，本の中にはビジネス関連のものも含まれていました。面白いことに，多くのビジネス書に，「自分自身の心の声を聴くことが最も大事」といった内容が書かれてありました。「自分自身の声を聴く」というのは，カウンセリングの本質です。私は，カウンセラーとして相談者のために時間を取っていましたが，自分の内側の声，それも自分の人生や働き方についてのさまざまな感情や価値観などに丁寧に耳を傾ける時間や機会を作ってはいませんでした。

　ある時，大学院時代の仲間に，「最近，すごく忙しくて，このままでいいのか，この先，自分が何をやっていきたいのか迷っている」と話しました。すると，その場にいた友人や先輩が，「自分も生活を変える必要性を感じている」「しかし，そもそもそういうことを考える時間がない」と言います。その後，職場の同僚や別の友人に話した際も似たような反応が返ってきました。段々と「どう生きるか，いかに働くか」ということは，私個人の課題ではなく，少なくとも同年代以上の人にとっての共通の悩みかもしれないと感じ始めました[1]。

III．自己実現，小さな一致，フォーカシング的態度

1．自己実現

ところで，私は，幸せな生き方を「自己実現モデル」で考えています。

自己実現の定義はいろいろとあるかと思いますが，私は「自らの資質を活かしながら，体験に開かれつつ十全に生きていくこと」と考えます。

　資質は人によって違います。自己実現とは非常に個別的なものです。欲求階層説で有名な人間性心理学の Maslow（1970）は，生理的欲求，安全の欲求，愛と所属の欲求，承認欲求の 4 つの欲求を欠乏欲求（欠けると困るものに対する欲求）と考え，自己実現欲求を高次の最も人間らしい欲求と定義しました。また，自己実現の欲求は，低次の欲求に比べて，満足することに対する緊急性が低く，知覚されにくいものであり先送りされやすく，場合によっては永遠に消失しやすいと述べています（Maslow, 1970）。つまり，高次の欲求は，「かそけき声」であり，自分が本当は何を望んでいるのかを知ることは，そもそも難しいのです。

　ところで，以前に私は，中年期の危機を経験し，その後自分らしい生き方を選択して楽しんで生きている人達にインタビューをしたことがあります（永野，2010）。彼らは，自分らしい生き方を創造していく過程で，「自分自身と向き合う濃密で集中的な時間」を作っていました。また，外部の情報をかなり制限して生活をしている人もいました。そういう生活の中で「（自分の中の）小さな声を聴いていた」と，ある人は語りました。期間はさまざまですが，短くて数カ月，人によっては数年に渡る場合もありました。自分自身のために「自分と付きあう静かで質の良い時間」（小柳, 2007）とエネルギーを一定以上使っている人が，やはり自分に必要な働き方や生活を選んでいけるのだと，インタビューを通して実感した覚えがあります。

　しかし，中年期には多くの役割があります。そういう役割に対応していると，日々はいくらでも過ぎていきます。また私たちの生活には沢山の情報やサービスがあふれています。それらは私たちの目を引き，心の中の小さな声は，ますます刺激的なさまざまなものにかき消されていきます。時間を取り，自分自身の人生を深く考えるには，それなりのきっかけや出会いが必要に思えます。それが人によっては，誰かとの偶然の出会いだったり，人生のイベントだったり，さらには老いや病のような時間を考えざるを得ないものであったりするのでしょう。

2．小さな一致，日常性について

　では，どうやってそういった時間を作ったらよいのでしょうか？　また，仮に時間が作れたとしても，どうやったら心の中の「かそけき声」を聴くことができるでしょうか？

「あなたにとって幸せな生き方・働き方とは？」という質問への答は，40歳前後の当時の私にとっては大変難しいものでした。あまりにもテーマが大きく，どこから手をつけたら良いのかわからない気がしていました。

そんな時，精神科医の神田橋條治先生が，自己実現について「わからない時には小さく考える」とお話しされているのを聞きました。

当時の私は1年後の自分の姿もあまり想像できない状態でした。ですが，「1年後の自分の姿」がわからなければ，「3カ月後」を考えてみる，それも難しければ「今月はどうしたい？」「今週は？」と小さく（期間を短くして）考えてみる。そうすると，少し考えやすくなり，やりたいことが浮かびやすくなる気がしました。さらには，「今日の私にとっての幸せな生き方（働き方）は？」「今日一日を，私はどういう風に過ごしたいだろう？」「今，この場所にいる私の心と身体は何を求めているだろう？」といった問いをしてみます。「大きな自己実現」は，その時々の内なる声に耳を傾けていき，気づいたことを実行していくという「小さな一致2)」のプロセスの先にある」という考え方です。

そう考えると，まずは，①今，体験していること（心身の状態）に注意を向け，②意識化し，③心身が求めていることを少しでも行動に移すことが生活や人生の満足の基本と考えられます。

3．日常生活におけるフォーカシング的態度

実際に，そのことを示唆する研究を紹介します。

自分自身の体験に注意を向ける際の独特の態度を「フォーカシング的態度」と言います。フォーカシングは，PCAの流れを汲む臨床心理学者でもあり哲学者でもあるユージン・ジェンドリンが創設したカウンセリングの態度・技法です（Gendlin, 1978；村山・都留・村瀬訳, 1982）。ジェンドリンは，自分の内側の体験（体験過程）に直接注意を向け，漠然とした感覚（felt sense；フェルトセンス）に丁寧に触れ続け，そこから立ち現れてくる新しい感覚や意味に開かれていく一連のプロセスをフォーカシングと名付けました。自分自身に触れるフォーカシング的態度を日常的に持つ人の特徴に関する複数の研究では，以下のようなことが報告されています。

フォーカシング的態度を持って生活している人は，そうでない人よりも，抑うつ状態や不安，身体症状を感じることなどが少ないことがわかっています。また，自己実現やレジリエンス（困難に出会った際の回復力），自己

効力感，自分らしく生きている実感（本来感），幸福感なども強く感じています（永野ら，2015）。さらに，仕事についての調査では，この態度の得点が高い人は低い人よりも，ワークライフバランスがよく，適性を活かして仕事をしており，働きがいを感じ，モチベーションや貢献意識も高いことがわかっています（永野ら，2018）。

IV.　自分たちのためのワークショップとその後の実践

　私にとって幸運だったのは，私自身の中年期の危機の話をした時に，共感してくれる仲間が近くにいたことでした。彼らは私同様，福岡人間関係研究会（以下，福人研）のメンバーであり，お互いに人の話を聞くプロでもありました。

　私は彼らに声をかけて,「自分たちのための将来計画ワークショップ」という研究会を立ち上げました。目的は,「自分達の将来計画や自己実現のために実際に役立つワークを作り，体験し合うこと」でした。自己実現は個別的なものであり，創造的なものです。私たちは，実験的にいろいろなワークを創り，自分たちでそれを試してみました。お互いが創った新しいワークを通して，自分の心の声を聴いたり，他の人の体験を聴かせてもらったりする贅沢な時間を持ちました。この時の 2 泊 3 日の経験は，私にとってはかなりインパクトの大きいものでした。この体験以後，一部の仕事への私のかかわり方は大きく変わりました[3]。

　「自分達のための将来計画ワークショップ」は，その後，噂を聞いた人たちからのリクエストもあり，一般参加者を対象とした「ワークショップ―ミドルエイジを生きる―」（高松里さん，平井達也さん，村久保雅孝さん，都能美智代さん，本山智敬さん，西木聡さん他，10 名のスタッフで共同開催）や「幸せな働き方・生き方の創造ワークショップ」（高松里さん，平井達也さんと共同開催）として，数年間開催されました。その後も，個人的に依頼を受け，対象者に合わせた「幸せな生き方・働き方の創造」の研修会・講演を，毎年行うようになりました。現在は，働く人だけでなく，高校生の出張授業や対人援助職者を対象とした研修会を毎年行っています。

Ⅴ．幸せな生き方・働き方ワークショップの実際

1．小さな一致ワーク

　このワークショップ（研修会）は，通常２時間〜２日間で行っています。短い時間でもそれなりに体験することができますが，ある程度時間がある方がよいと思っています。大切な自分の人生のためには，自分自身の内なる声を丁寧に聞く時間が必要ではないでしょうか。

　ワークショップの導入では，まず「一致」の話をします。それからワークショップで私が話すことや一緒にやるワークについて，もしピンと来なかったら全部聞かなくもよいこと，他のやり方でやる方が良いと思ったらそのやり方でやることを歓迎すると伝えます。ご本人の中の感覚に耳を澄ますことが最も大事なので，やみくもに私の話を鵜呑みにして，とりあえずやるというのは，一致とは真逆のことになるためです。その話を聞いている時点で，参加者の中には身体がのびやかになる感じを体験する人もいます。

　実際のワークは，時間や参加している方たちの意見・感想も聞きながら行うので，その時々に微妙にやることが変わります。ですが，今の身体に注意を向ける「小さな一致ワーク」は，大抵いつも最初に行います。このワークは，元々はフォーカシングの研修会でよく行われているものです。安定した姿勢で座った後，身体のいろいろな箇所に順番に注意を向けて，その場所の感じを味わい（意識化し），必要があれば身体がしっくりくる形に動かしたり，気になる箇所を手で触ってあげたりする（行動に移してみる）というワークです。気づいたことを身体のメッセージ（往々にして日常生活上のさまざまなことが関係しており，これから何が必要かを知らせるヒントが含まれている）として受け取り，反応してあげることが特徴です。フォーカシングのトレーナーの中には，「まだあまり言葉で上手く説明できない子どもに優しく接するように，自分の心身に関わる」という比喩を使って説明する人もいます。

2．心と身体が求める 20 のこと

　「心と身体が求める 20 のこと」というワークを行うこともあります。「小さな一致ワーク」で自分の心身の状態の確認をした後に，次のような教示をします。

　"今，自分の心と身体が求めていることは何かな？""何をしたいと
思っているかな？"と自分自身に尋ね，自然とやりたいこと・求め
ていることが浮かんでくるのを待ちます。些細なことでも手間暇が
かかるものでも，他の人が聞いたら笑いそうなこと，現実には不可
能なことが浮かんできても構いません。自分自身の内側が"やりた
い""心がひかれる"と思うことは，あまりあれこれ考えず（評価
をせず），どんどん浮かぶままに紙に書いていって下さい。（永野，
2011b より）

　このワークはやりたいこと20個を紙に書くだけのシンプルなものです。
ワークショップでは，書いたものをお互いに発表し合います。他の人の話
を聞くと，「あ，それ，私もしたい！」と，自分からは浮かびにくかった
（でもそれがあると自分の心身が確かに喜びそうな実感がある）ことが出て
くることがあるからです。また，発表した人に対して，聞いている人全員
で応援の拍手をすることもあります。応援されると「何だかすごく聞いて
もらった気がします」「実際にすぐに行動に移せる気がしました」等の感想
がしばしば出ます。
　ある参加者Aさんは，このワークの体験をした後で，次のような内容を
教えてくれました（プライバシー保護のため本質を損なわない範囲で改変
をしています）。
　「私は，『友達を誘ってカラオケに行く』と書きました。友達とカラオケ
に行くなんて，これまで当たり前にしていたことでした。でも，自分から
誘ったことがありませんでした。1回もです。実は私は自分から人を誘う
のが大の苦手です」「でも，今回は，なぜか勇気を出して誘ってみたんで
す。すると友達が，『Aが自分から誘ってくれた！　嬉しい！　断るわけな
い！（笑)』と言ってくれました。その日は何だかすごく嬉しくて楽しく
て，カラオケから帰ってからも幸せ気分が続きました」
　Aさんの話はさらに次のように続きました。
　「後から気づいたんです。実は，私は中学の時にいじめにあっていまし
た。それまで友達と思っていた人も，ただ（私を）見ているだけの人にな
りました」「とても孤独でした」「でも，音楽の時間だけは好きでした。何
て言うか……。皆，同じ方向を向いて同じ歌を歌っていて……」「そのこと
を思い出したんです。ああ，それでかって」
　「友人を誘ってカラオケに行く」という行為は，一見他の人からはささや

かに見えることです。しかし，身体の内側から出てきたこのチャレンジは，
Aさんにしかわからない大事なものだということが，彼女の言葉や態度か
ら伝わりました。そういう体験に繋がることがあるからでしょうか。他の
参加者から応援してもらったり，何かわからないけどよいものとして拍手
をしてもらうことは，「思った以上に嬉しい体験だった」という感想に繋が
るようです。

3．相互応援的環境

　上記のように，このワークショップでは，「一致」と，各人の「一致」を
大事にできるような「相互応援的な環境」を大事にしています。

　本書の共著者の村山正治先生は，「その人が人から判断されず，『そのま
までそこにいていいんだ』という体験の中で，その人のいいところが生き
てくる」と言います。相互応援的な環境は，多くの人にとって，自己実現
のプロセスに必要なものだと思われます。

　人生に迷った時，ひとりでは聴きにくい内なる声に関心を持ってくれる
仲間がいること，相互応援的な環境があることは，お互いにとって大変助
けになります。私自身の体験でも，「将来計画ワークショップ」に関心を持
ってくれて，楽しみながら一緒に企画し実現を共にしてくれた仲間がいた
ことは，大変ありがたいことでした。

　では，どうやったらそういった環境を作れるのでしょうか？　私はそれ
ぞれの人の課題や悩みが，そういった環境を作るための契機になる気がし
ています。私自身はそうでした。そのためにも悩みや課題は，否定せず，
関心を持って丁寧につきあうこと，それをオープンに人に話してみること
がよいと思っています。「『弱さ』という情報は，公開されることによって，
人をつなぎ，助け合いをその場にもたらす」（向谷地，2006）という考え
方もあります。しつこく悩み続けるのも能力に思えます。

VI．おわりに

　本章では幸せな生き方・働き方についての私のこれまで考えてきたこと，
実践してきたことなどについて述べました。相互作用の中で私たちの考え
や生き方は発展していきます。ご関心がある方と，意見交換ができると嬉
しく思います。

文　　献

Gendlin, E. T. (1981) Focusing, 2nd ed. Bantam Books.（村山正治・都留春夫・村瀬孝雄訳（1982）フォーカシング. 福村書店.）

福盛英明・森川友子（2003）青年期における「フォーカシング的態度」と精神的健康度との関連―「体験過程尊重尺度（The Focusing Manner Scale；FMS）」作成の試み. 心理臨床学研究，20（6），580-587.

厚生労働省（2022）「令和 3 年労働安全衛生調査（実態調査）結果の概況」結果の概要（個人調査）https://www.mhlw.go.jp/toukei/list/dl/r03-46-50_kekka-gaiyo02.pdf（2022 年 10 月 16 日取得）

小柳晴生（2007）生きる速さとカウンセリング―人類は，生きる速さを落とすことができるか. 人間性心理学研究，25（2），139-144.

Maslow, A. H.(1970)Motivation and Personality, Second Edition. Harper & Row.（小口忠彦訳（1987）［改訂新版］人間性の心理学. 産能大学出版部.）

向谷地生良・浦河べてるの家（2006）安心して絶望できる人生. NHK 出版.

永野浩二（2010）中年期危機がもたらす肯定的影響. 追手門学院大学地域支援心理研究センター紀要 6，21-35.

永野浩二（2011a）ミドルエイジを生きるためのグループ・アプローチ. In：伊藤義美・高松里・村久保雅孝編：パーソンセンタード・アプローチの挑戦―現代を生きるエンカウンターの実際. 創元社. pp. 255-268.

永野浩二（2011b）日常における自己一致の促進. 日本人間性心理学会第 30 回大会プログラム・発表論文集. 140-141.

永野浩二・福盛英明・森川友子ら（2015）日常におけるフォーカシング的態度に関する文献リスト（1995-2014）. 追手門学院大学心理学部紀要，9，57-68.

永野浩二・河﨑俊博・平井達也ら（2018）日常におけるフォーカシング的態度と働く人の心理社会的要因との関連. 追手門学院大学地域支援心理研究センター附属心の相談室紀要，15，27-37.

注

1 ）実際，厚生労働省の「令和 3 年労働安全衛生調査（実態調査）結果の概況」によると，現在の仕事や職業生活に強いストレスとなっている事柄がある労働者の割合は 53.3％であり，高い水準を示しています。年齢別にみると，30 ～ 50 代が他の年代よりも高い割合でストレスを感じています。さらにストレスの内容をみると，「仕事の量・質」が 56.7％と最も高く，中年期の働く人の多くが，特に仕事の質・量についてストレスを感じていることがわかります。

2 ）「一致」とは，「体験していること」と「意識化していること」，「行動」の 3 つにズレが少ないことを指します。パーソンセンタードのカウンセリングの重要な概念です。PCA の創始者である Rogers は，不一致が長く続くことで不適応が生じやすくなると考えました。そして，クライエントが良くなっていく（成長していく）ということは，自分自身の複雑な体験に徐々に開かれていき，それらを自分のものとして経験し，これまで意識化できなかった自分のさまざまな体験や価値観，考えなどを統合し，生活に活かしていくプロセスだと考えました。

3 ）この時の経験については以前に報告（永野，2011a）したことがあるので，関心がある人はそちらを見て下さい。

第 14 章

「時限的コミュニティ（第四空間）」を生きる

スペイン巡礼・四国遍路やマラソン応援の経験を通して

高松　里・井内かおる

　よく分からないけど何かに強く惹かれてしまうとか，やってみたくて仕方がなくなるということが時々あります。スペインの巡礼路を歩くとか，本気でマラソン応援をするとかは，最初はただの思いつきです。でも，だんだん「その場に自分を置いてみたい」という誘惑に駆られます。そして，実際にやってみると，今度は「なぜこんなことをしているのだろうか」とその意味を考え始めます。

　本論は，そうした思いつきの行動に，自分たちなりに一貫した意味を付与したいがために書き始めました。我々は「時限的コミュニティ」というものにも支えられて生きているのではないか，ということが本論の趣旨です。

Ｉ．コミュニティとは何か

　私たちは，いろいろな空間の中で生活をしています。家庭という私的空間を「第一空間」と呼ぶなら，学校や職場という公的空間は「第二空間」です。さらに，家庭と職場以外の「第三空間」としては，趣味やボランティア活動，ネット上の SNS，地域のカフェや居酒屋[1] などがあります。本論では，それに加えて「第四空間」と呼ぶべき時限的コミュニティという新しい言葉を提案したいと思います。

　時限的コミュニティは，一時的に生まれ，そして短時間で消えていくものです。旅で出会う人たちとか，音楽ライブで出会う人たちとか，そういう儚い関係です。そのようなものをコミュニティと呼んで良いのかという疑問もあると思います。今回取り上げるマラソン応援などは，ランナーは目の前を次々と通り過ぎて行きますし，応援している他の人たちとの交流機会もそれほど多くありません。それでも，そこには何らかの共通性やつ

ながりがあり，「私たち」と呼べる何かがあると感じます。

　では，改めてコミュニティとは何でしょうか。『APA 心理学大辞典』
(VandenBos, 2012/2013) によると，地域社会のコミュニティの他に，
次のような用法が挙げられています。

　　社会的なかかわりはないが，共通の利害関心や特性を共有し，それ
　　ゆえに他者もしくは自分自身から何らかの点で他とは区別される存
　　在とみなされている人々の集まり（たとえば，科学者コミュニティ）
　　のこと。

　この定義からすれば，「四国遍路を歩く人々」というものも，一種のコ
ミュニティといえるでしょう。歩いている時やお寺での参拝，あるいは宿
坊で，他の遍路と顔を会わせる機会はあります。しかし，全長 1,300 km
に散在するすべての遍路と実際に会うことはできません。その意味では現
実的なかかわりはありません。しかし，自ら「遍路」を名乗り，白装束を
着ることで，自分たちがそれ以外の人たちとは区別されると認識していま
す。その意味ではコミュニティといえると思います。

　筆者らはさまざまな活動を通して，このような時限的コミュニティの重
要さを経験してきました。それがどんなものか，その一部を紹介したいと
思います。

II．時限的コミュニティの経験

1．スペイン巡礼と四国遍路

　スペインの巡礼路である「カミーノ・デ・サンティアゴ」には，たくさ
んのルートがあります。なかでも有名なのは，フランス国境から入り，ピ
レネー山脈を越え，聖地サンティアゴを目指す 800 km の道です。筆者ら
は，2015 年からこの道を 5 回に分けて歩き始めました。途中，COVID-19
の流行などにより中断し，2022 年 9 月にようやく歩き終え，サンティア
ゴ大聖堂で祝福を受けました。楽しくそして長い道でした。

　巡礼中の毎日は，非常にシンプルです。朝早く出発し，午後には次の町
に着きます。少ない日で 20 km，多い日で 30 km くらいを毎日歩き続け
ます。多くの場合，宿は町に着いてから探します。宿に着いたら，まずシ
ャワー，次に洗濯をし，その後夕食を食べに出かけます。次の日は，午前

5時くらいには起きて，前日買っておいたパンなどを食べて出発します。毎日この繰り返しです。

　巡礼路は世界遺産となっているため，世界中から人々が集まってきます。ギターを弾いたり，ワインを飲んだりと，巡礼という厳かな雰囲気はあまりありませんが，長くて辛い道を助け合いながら歩いています。道を間違えた人がいたら，大声で「そっちの道は間違えている！」などと教えます。また，人を追い越す時は，必ず「オラ！　ブエンカミーノ！（こんにちはー！　良い旅を！）」と声をかけます。同じ道を歩いているので，何度も会います。そのうち，「どこから来たの？」「大変だね」などと話すようになり，夜一緒にビールを飲んだりもします。そうやってお互いが親しくなっていく装置がスペイン巡礼路にはあります。

　4回目の2019年には，井内が山道で転倒し，右腕を2カ所骨折するというアクシデントがありました。何とか山を下り，偶然巡礼者用の病院を見つけ，そこでギプスを巻いてもらいました。幸い歩くことはできたので，そこからさらに50km進むことができました。しかし，その間も腫れと痛みが続き，たくさんの巡礼者や宿のスタッフが心配してくれました。自分の薬をくれた人もいました。あまりに腫れがひどいので，数日後，大学病院にも行ったのですが，その時には宿のスタッフが送迎と通訳で数時間つきあってくれました。

　最終回を予定していた2020年は，COVID-19のために海外に出られなくなりました。そのため，いつか行きたいと思っていた四国八十八カ所（約1,300km）を歩くことにしました。こちらも分割して，毎回10日間くらい歩いています。徳島県を出発し，高知県を過ぎ，愛媛県に入っています。すでに半分の650kmを歩いたことになりますが，結願にはまだまだ時間がかかります。

　スペイン巡礼に比べてみると，四国遍路ははるかに宗教の匂いを強く感じます。お寺を巡ってお経を唱え，納経帳に御朱印をいただきます。白装束と金剛杖は日常生活から離れるための装置です。遍路同士はもちろん挨拶しますが，面白いのは「お接待」と呼ばれる習慣で，土地の人が食べ物・飲み物，時にはお金を遍路に渡してくれます。

　スペイン巡礼も四国遍路も，毎日歩き続けることは簡単ではありません。それでも，歩くのは，そこに特別な魅力があるからだと思います。それは，圧倒的な「体感」です。暑さ寒さや雨，疲労，足の痛みなどの，身体の記憶が残ります。そして，同じ道を歩く人たちと話したことは，巡礼後も何

度も思い出します。自分がその世界（コミュニティ）に属していた（いる）という感覚はずっと残ります。

2．那覇マラソン応援

　那覇マラソンは，毎年12月に沖縄で開催される3万人規模の市民マラソン大会です。応援を始めた最初のころは，スタート地点から近い「国際通り」で声援を送り，ゴールで出迎える，というものでした。知人が走ってくるのを見つけ，声をかけ，写真を撮りました。しかし，なんだかそれでは足りないという気がしました。もう少しきちんと応援したい，できればランナー全員の応援をしたいという気持ちが出てきました。

　ところで，我々はアマチュアとして音楽活動を続けています[2]。そこで，ランナーを音楽で応援したいと考えました。2010年から飛行機に重い機材（ギター，アンプ，マイク等）を乗せて那覇に行くことにしました。まず応援する場所が問題でした。そのため，大会前日に，レンタカーで全コースを回ってみました。那覇マラソン経験者にも同乗してもらって，どこが苦しいのか，どこに応援があれば力になるのかを考えました。その結果，ハーフ関門の手前，長い登り坂の途中・19 km地点で応援することを決めました。

　路上にスピーカー（電池式アンプ）を置き，ボーカルマイクとギター，およびマラカスなどで応援してみました。練習しておいた曲は「負けないで」「LOVE 2000」「Tomorrow」などの応援の定番ソングでした。通りかかったランナーも一緒に歌ったり，我々の写真を撮ったり，拍手してくれました。ランナーと目が合ったりして，案外交流があるものです。また，19 km地点の料理店の方と仲良くなり，彼らと一緒に店先で応援し，コーヒーや昼食を振る舞ってもらうようになりました。

　意外だったのは，21 kmのハーフ関門の制限時間（12:15）を過ぎても，ランナーが次々と坂を登ってくるということでした。その頃には交通規制は解かれ，信号機が復活し，エイドステーションは撤退してしまいます。しかし，彼らはそれでもハーフを目指して，歩き続けていました。彼らに「負けないで」と歌うこともできず，「お疲れ様」「また来年」などと声をかけながら，「チェリー」（スピッツ）などを歌うようになりました。結局，13時過ぎまで3時間くらい歌っています。

　3万人もの人を直接応援する機会は普段ありません。また，大会はランナーだけのものではなく，応援する無数の人たち，エイドステーションの

ボランティアスタッフ，我々のような勝手な応援隊など，10 万人くらいの人が関わっています。たくさんの交流がありますが，1 日ですべては終わってしまいます。でも，そこでの経験は記憶に残ります。暑く湿った空気感や，ランナーの足音，応援のかけ声などが手に取るように思い出せます。「私たちもそこにいた」という感触は，日常生活の中でも時々思い出し，心を温めてくれます。

Ⅲ．時限的コミュニティの特徴

1．別の世界に参画して帰ってくる（スペイン巡礼・四国遍路）

本論冒頭で書いたように，私たちの生活は，仕事・家庭・地域という場所を軸にしながら，比較的安定して組み立てられています。長期的に安定しているということは，安心して生活するためには大事ですが，同時に，私たちは時に窮屈に感じることもあります。もっと別の，全く知らない場所の知らない人たちに出会いたい，というのは普通の感情です。

筆者らは，これまで自分たちが行きたいと思う場所に行ってきました（高松は約 35 カ国，井内は約 30 カ国。アジア各国や太平洋諸島，アフリカにも 2 回など）。旅行していると，全く知らない景色や食事に出会います。それは新鮮でわくわくと楽しいし，視野も広がります。しかし，ただ旅行しているのとスペイン巡礼路を歩くのとでは，感覚が随分違うことに気が付きました。旅行している時には，旅行の意味（お金と時間を使って本当にここで良いのか，等）を問う気持ちが起こります。しかし，スペイン巡礼路も四国遍路も，1200 年に渡って無数の人々が歩いており，歩く意味について考えこむ必要はありません。そこは，我々の普段の日常世界とは別の世界です。単なる「リフレッシュ」や「気晴らし」とは違います。

巡礼路を歩くことにより，一度別の世界に行き，そして元の世界にまた戻ってきます。40 〜 50 日間は別のコミュニティに生きています。歩く人間にとっては「時限的コミュニティ」を生きるわけです。そして，元の世界に戻ってきた時には，前とはどこかが違っていると感じます。

スペイン巡礼はアメリカ人の間でも人気がありますが，そのきっかけの一つが，映画『The Way（邦題：星の旅人たち）』（2010 年）です。息子をピレネー山脈の嵐で亡くした父親が主人公で，息子の遺灰を持って，代わりに巡礼道を歩くというお話です。頑な心が，旅の仲間と出会うことにより解けていきます。そして，映画の最後は，サンティアゴ到着後にさら

にアフリカ（モロッコ）を歩いているシーンで終わります。いずれ彼も元の世界に戻るのでしょうが，旅の時間がずっしりと重い意味を持ち，その後の人生が変わっていきます。

　スペイン巡礼とは関係ありませんが，『ロード・オブ・ザ・リング』（2001年）も旅の仲間と共に冒険し，苦難を乗り越えて使命を果たし，元の村に戻ってくるという話でした。印象的なのは，主人公は結局元の生活にすんなりと戻ることができず，旅の記録をまとめた後に，また別の世界に旅立つことです。その他，『オズの魔法使い』（1939年），『レインマン』（1989年），『グリーン・ブック』（2018年）なども，旅という時限的コミュニティの中で心の変化が起き，戻った後の世界も変わってしまう，というテーマが共通しています。

2．日常の真剣な取り組みの上に成り立つもの（マラソン応援）

　マラソン応援は，特別な意味があるとは見なされず，ただの物好きな「趣味」と思われがちです。しかし，野球場やサッカー場まで行って，熱心に応援をする人たちはたくさんいますし，海外のオリンピックやワールドカップに出かける人たちもいます。スポーツ応援以外でも，音楽イベントである「FUJI ROCK FESTIVAL」などは，全国から集まってきた人々が，野外会場で数日間，泊まり込んで好きなバンドを応援し，それぞれその時間を楽しみます。

　我々も参加している「自由音楽会」（本書第3部第17章参照）は，課題曲を事前に用意し，それぞれ歌やハンドベル，ギター，ピアノ，などで参加するイベントです。当日は，リハーサルで数回音合わせをし，すぐに本番となります。音楽が中心にはありますが，会場には手作りの料理が並べられたりします。年に1回のイベントですが，それを行うための準備はかなり入念です。

　応援について，もう一つ考える必要があるのは，「音楽」です。筆者（高松）は，大学時代に吹奏楽部にいましたが，それは元は応援団から派生してできたものでした。応援と音楽は結びつきやすいものです。高校野球の応援を見てもわかるように，応援団・チアリーダー・吹奏楽部が主導し，みんなで応援するという形が多いと思います。彼らは普段から本気で練習を重ねています。これらは「シリアスレジャー」と呼ばれることがあります。「本気で，真剣に，熱心に，まじめに，ひたむきに余暇活動に打ち込んでいる状態」（宮入・杉山，2021）とされ，ある程度長期間その活動に取

り組むものです。那覇マラソン応援も，準備や練習は大変で，下準備の期間がかなりあります。

　応援自体はその日だけの時限的コミュニティです。そこで得られる感動や人間関係は時限的なのですが，実際はもっと息の長い，ある意味人生をかけた長期間の取り組みの上に，それは成り立っています。

Ⅳ．PCA との関連

　さらに，PCA との関連を考えたいと思います。

　筆者らは，PCA の実践領域の1つであるエンカウンター・グループを開催してきました。これは，基本的に2〜4泊程度の合宿を行うもので，そこにはお互いに知らない人たちが集まってきます。セッションと呼ばれる話し合いがメインですが，どこかに遊びに行ったり，夜遅くまで語り合ったりして，深い人間関係が築かれます。にもかかわらず，数日後グループは解散し，それ以降同じメンバーで会うことはありません。

　グループの目的は，「個人の成長，個人間のコミュニケーションおよび対人関係の発展と改善の促進を強調する」もの（Rogers, 1970/1982）とされてきました。この目的は参加者個人に焦点を当てたものですが，グループ全体を見れば，これは時限的コミュニティの1つの形態であるといえます。わずか数日の出会いですが，その時間を共に生きたという感覚はいつまでも残りますし，実際にその後の人生を左右するような経験も生じます。

　さらに，本書のもう1つのテーマである，「ダイアローグ」という視点から見てみましょう。オープンダイアローグには，さまざまな治療メカニズムがありますが，その中でも「関係者が集まる」ということが大きな特徴となっています。そこでは，患者・治療者・家族・友人も含めて，率直な対話が行われます。その対話の中で，孤立し妄想的な世界に入りかけた患者は，またこちらの世界に戻ってくると考えられます。そのセッションは10日間ほど続き，それで解散となります。これも時限的コミュニティのように見えます。

Ⅴ．結　　論

　では改めて時限的コミュニティの意味とは何でしょうか。それはある限定された時間の中で，集中的に人間関係への信頼感を形作るものであると

言えます。時間的に限定された1回限りの経験であるため，思い切って新しい自分を試してみることもできます。そこでの記憶は鮮やかに残り，以後の人生に影響を与えます。そして，これから生きていく中で，困ったことが起きたら，きっと誰かが助けてくれるということを，このコミュニティの中で強く感じるのだと思います。

　ただし，時限的コミュニティは何もないところに急に現れるわけではありません。実際には長い歴史背景や人々の思いがベースになっています。スペインや四国を歩く時，それは一人で歩いているのではありません。現実に出会う人々の背後には，1,200年にわたる人々の願いや，その願いを実現させようとして巡礼路を守る人々がいます。ですので，そこを歩く人には，「我々は守られている」とか「この道で亡くなった人々の思いも抱えて歩いている」という感覚が起きます。実際，路傍には，路で倒れた人々の墓や記念碑，お地蔵さんなどがたくさんあります。我々は1人で歩いているのではない，と強く感じます。その場を構成することに関わってきた人数の圧倒的な多さは，時限的コミュニティの基礎を作り，人々を現在と過去に結び付けているように思われます。

　つまり，第四空間である時限的コミュニティは，第一空間，第二空間，第三空間を基礎として，その上に立てられているものだといえます。エンカウンター・グループであれ，オープンダイアローグであれ，それら時限的コミュニティは，実践の積み重ね，理論的整備の努力，専門職としての訓練を背景にしています。

　第四空間は，日常とはまた少し違った世界と自分を見せてくれます。だから，我々は旅に出るし，イベントに参加します。それらをまとめて「時限的コミュニティ」あるいは「第四空間」と呼ぼうというのが，本論の論旨だったわけですが，読まれた方はどう思われたでしょうか。これからも，みんなで対話を重ねていきましょう。

文　　　献
宮入恭平・杉山昂平（2021）「趣味に生きる」の文化論―シリアスレジャーから考える．ナカニシヤ出版．
Oldenburg, R.（1989）The Great Good Place: Cafes, Coffee Shops, Bookstores, Bars, Hair Salons, and Other Hangouts at the Heart of a Community. Da Carpo Press.（忠平美幸訳（2013）サードプレイス―コミュニティの核になる「とびきり居心地よい場所」．みすず書房．）
Rogers, C.（1970）Carl Rogers on Encounter Groups. Harper & Row.（畠瀬稔訳（1982）エンカウンター・グループ―人間信頼の原点を求めて．創元社．）

VandenBos, G.R.（2012）APA Dictionary of Clinical Psychology. American Psychological Association.（繁桝算男・四本祐子訳（2013）APA 心理学大辞典. 培風館.）

注

1）オルデンバーグ（Oldenburg, 1989/2013）によれば，カフェや居酒屋は「サードプレイス」と呼ばれる。「サードプレイスというのは，家庭と仕事の領域を超えた個々人の，定期的で自発的でインフォーマルな，お楽しみの集いのために場を提供する，さまざまな公共の場所の総称である」

2）井内が歌い，高松はギターかピアノで伴奏をする。20 年近く，ライブハウスや喫茶店，近所の居酒屋での定期ライブなどを行ってきた。COVID-19 の流行で活動は停止している。

第15章

沖縄での新しいエンカウンター・グループ

リビング・グループに向かって

村久保雅孝

Ⅰ．はじまりまで——前夜

　それは，たまたまだったのかもしれません。しかし，機は熟しつつあったのだろうと思います。エンカウンター・グループに多少なりとも関わってきた私たちはある時，意気投合し「沖縄でグループをやろう」ということになりました。私たちの間では，エンカウンター・グループのことを単にグループと言うことは普段のことでした（そこで，以下「グループ」という時は，特に断りのない限り「エンカウンター・グループ」のことを指します）。ただ，慣れ親しんだグループではなく，それぞれが何か新しい試みをと思っていたようでした。また，何か楽しそうとも思っていたようでした。

　私はグループにかかわり始めたころから，ちょっと違ったグループ観をもっていました。グループは非日常性が重要で，文化的孤島で行われ，その時その場での出会いが尊重され，セッションと呼ばれる語り合いを基調としています。このことに異議はありませんし，それどころか魅力であるとも思います。しかし，それだけでは何か違うし，そうでなくてもいいのではと思うところもありました。私は，当初から，グループの日常性に関心をもっていました。日々の暮らしと切り離されていないグループ，と大上段に構えていたわけではありませんが，2泊3日でバンガローを借りて，手分けして食事の準備をしたりする，暮らすようなグループを試みたこともありました。当然，セッションの回数も時間も減りましたが，楽しい時間でした。しかも単にイベント的な楽しみではなく，ゆったりと時間をかけて，自分をいたわるような体験を持てました。それでいて自分だけの時間ではなく，集まってくれた人々がなんだか温かいのです。参加した人の

1人は「なんだかだんだん家族みたいになっていくみたい」と言いました。
夢のようでした。

Ⅱ．沖縄でのグループ!?　──胎動

　2005年，私たちは沖縄でのグループを具体的に模索し始めていました。
まず，私たち自体がだんだんかたまっていきました。本書のメンバーでも
ある井内，高松，都能，平井，吉川（50音順・敬称略），そして私の6名
です。私たちには沖縄出身の者，観光や仕事で何度も沖縄を訪れている者，
沖縄に関心がある者が多くいました。沖縄でなくてもいいところはきっと
あったのだろうと思います。しかし，沖縄に目が向くことは自然な流れで
あったのです。最初のグループを開催する前の1年間ほどは，ほぼ毎月ミ
ーティングを開き，スタッフ6名でグループのコンセプトやワークの候補
などを考えました。私たちは集まっては料理を作り，語り合いました。時
期は，期間は，募集はどうしよう。会場も探さないといけない。どんなふ
うに過ごしたいのか。経費も考えねばなりません。会場を探すために幾度
か沖縄に行き，実際にいくつかの宿にも泊まりました。「沖縄でグループを
やろう」ということは，案外に大変だったのですが，私たちには活気があ
りました。

　グループはセッション中心ではなく，暮らすように過ごす，ゆったりと
した時間と空間を大事にしようとしました。だから会場は貸し切りにした
いと思いました。イメージ先行なんですが，沖縄のゆっくりと流れる時間
感覚をグループに取り入れようと考えました。この考えは，後にグループ
の名前を考える際，「スロー」という言葉で織り込まれました。そうする
と，2泊3日では足りません。ですが，あまり長くしても参加するメンバ
ーも私たちも都合をつけることが難しいでしょう。私たちの中でグループ
体験の長い者は20年を超えていました。体験的にではあるのですが，3
泊4日を期間とすることにしました。スタッフは私たち6名が担い，ファ
シリテーターも兼ねました。オーソドックスなグループだったら6名のス
タッフがいれば，通常2〜3の小グループが持てるでしょう。しかし，私
たちはメンバー一人ひとりの要望に応えようと考え，このスタッフで1グ
ループとすることとしました。また，時間をかけて自分の感覚を味わい，
自然の中の空気や音に触れ，その時々の自分の気持ちや感覚，考えや意思
に忠実になれるよう促すことにも工夫を凝らしました。その結果，セッシ

ョンの数を減らしました。そして，スタッフとメンバーの双方から提案されるさまざまなワーク（体験企画）をプログラムとして柔軟に取り入れることにしました。

　会場探しには時間と労力をかけました。いくつかの候補先に出かけ，泊まってもみました。2006年1月，その一つ，恩納村にあったペンションに出かけました。バス停に近く，小さな集落にあり，プライベートビーチのような砂浜が目の前でした。私は数回使ったことがありましたが，グループの会場としては考えてもいませんでした。高松とのロケハンのその夜は嵐でした。貸し切りにはできそうだし，メンバーとスタッフの人数を考えてもちょうどよい感じでした。費用の折り合いもつきそうです。ですが，全員が集まるスペースがないのです。芝生が広がる庭先も考えましたが，計画しつつある時期としては暑い。それに，雨が降ると使いにくいでしょう。嵐の夜，食堂のようなロビーのようなところでそんなことを語り合い，ここは難しいかなと思っていたところ「ここのテーブルとかをアレンジしたら全員が集まるところに使えないかな。貸し切りなんだし，自由に移動させてもらえないだろうか」と思い当たったのです。ペンションの人に相談し，了解してもらえました。会場が決まりました。

III．スロー・エンカウンター・グループ in 沖縄──始動

　2006年5月，1回目の沖縄でのグループを開催しました。期間は3泊4日とし，以来，この期間で実施しています。名前は「スロー・エンカウンター・グループ in 沖縄」としました。スローという言葉には，文字通りゆっくりと，ゆったりと，という思いを込めましたが，それだけでなく，この言葉に「エコロジカル」や「サステナブル（持続可能性）」の意味も込められていることもうっすらと視野に入っていました。

　さまざまな工夫や柔軟な対応は，しかし，意図していたほど容易ではありませんでした。何しろ，スローを考え過ぎていました。とはいっても，私たちは「始動」を自覚していました。

　会場は沖縄本島中部。海や自然が近くにあり，ほぼ貸し切り状態で使いました。広い芝生の庭が広がり，砂浜との境の防風林の向こうには海水浴もできる海が開けていました。開催時期は5月中旬。募集は最大12名とし，家族（親子・夫婦・幼児連れ）での参加も歓迎し，家族は個室を使えるようにしました。メンバー募集は口コミに頼りましたが，思いのほか各

方面に知らせることができたように思います。そして，開催可能な人数が来てくれました。

スタッフは私たち6名です。男女3名ずつです。全員が臨床心理士資格をもち，各々ですが，グループ経験がありました。

スケジュールは，1日目の16：00に開始し，4日目の昼12：00に終了です。朝食が終わると有志でテーブルなどを移動し，食堂はみんなが集えるロビーに変身しました。ロビーには，みんながいつでも見て，そして書き込むことのできる模造紙が1日につき1枚貼りだされました。10：00～12：00を「エンカウンター・セッション（自由参加）」，17：00～18：30を「Let's Share セッション（全員参加）」としました。

エンカウンター・セッションが終わる12：00ごろには，それぞれがやりたいことやワークの予定が模造紙に書き込まれていました。日中は，スタッフが提供するワークや近所へのショートトリップ，メンバーが提供するワークがあったり，1人で喫茶店に行ったり散歩をしたり。レンタカーが数台あり，メンバーは自由に使うことができました。思い思いに過ごし，Let's Share セッションでは全員が集まり，その日に経験したことについて語り合いました。

私たちスタッフはできるだけメンバーの動きに対応し，同行したり，活動の様子を聞くなどしました。朝食後など，毎日30分程度のスタッフミーティングを開き，グループ全体の動きを共有しました。グループの記録も作成しました。

1回目は大過なく終えることができました。私たちもメンバーも充実した時間が持てたようです。人がいて仲間がいて，孤独ではない1人の時間もある。求めていた何かに近づけたようでした。おそらく，メンバーたちは元気になったことでしょう。私たちも元気になりました。2回目も来年の同じころにここでやろうということになり，会場を確保しました。

IV.　始動16年を振り返って——持続

私たちのグループは，その後も続けて開催してきました。

1～3回目（恩納村）は，スタッフとメンバー共に模索状態でした。さまざまなワークが考案されて，何をしたら良いのか選択が難しいこともありました。

4～5回目（今帰仁村）になると，徐々に形ができて安定してきました。

しかし，会場を貸し切ることができず，改めて会場探しをする必要が出てきました。

6回目以降（本部町）は，フクギ並木の中の民宿で，途中から6月の梅雨明け後に実施時期をずらしました。暑さや陽射しを避けるため外でのワークは難しくなりましたが，並木を散策したり，御嶽が近くにあって沖縄のさまざまな文化に触れることもできました。子どもたちも含めて，宿のご家族とも仲良くなりました。

私たちはこのグループを始めて新しい会場探しのために1回，コロナ禍のために2回休催し，これまでに13回開催しました（2021年時点）。私たちには毎回の振り返りに加えて，10年の区切りの年に，これまでをまとめたものがあります（高松ら，2018）。私たちの始動16年を振り返ってみたいと思います。

1．スタッフ間に対話が成立していること

スタッフの6名は最初の準備ミーティングから変わりません。私たちの振り返りからは，スタッフ間の対話の重要性があらためて確認されました。スタッフ同士がよく話し探索するための時間を多く取っていることは特徴といえるでしょう。グループの開催準備期間中も，開始後もしばらくの間はほぼ毎月1回，スタッフ6人全員が集まり，ミーティングが行われました。このミーティングは単なる準備ミーティングではなく，手料理を作りながら，長い時間をかけてさまざまなことを語り合いました。

また，スタッフの中には，グループのファシリテーター経験を多数持つ者もいましたが，さまざまな他の形でのグループのファシリテーター経験を持つ者もいました。そのため，グループのイメージは必ずしも一致しないので，それぞれの過去のグループ経験を話しながら，新しいグループのイメージを作っていきました。一致していたのは，何か新しいことをしたいということでした。

16年もやっていると，グループには見直しの時期もありました。あるスタッフは「失速」を感じ，またあるスタッフは「マイナーチェンジを続けている」ことが分かりました。それぞれが得意とする領域で役割分担を意識し，自分の気持ちに沿ってエネルギーが出るように行動することで，スタッフもグループも活性化していくことが確認されました。

2．スタッフが大事だと感じている場所にメンバーを招待すること

　沖縄で実施するというのは当初からの合意でした。それは，この地が持つ風土や歴史にスタッフが惹かれたからです。「海のワーク」や「音のワーク」のように，自分の感覚を開放した時に，良いものが入ってくるという感覚が必要でした。感覚を研ぎ澄ませば良い音が聞こえ，すぐ近くには海があっていつでも海に触れられ，風を感じ，夜には月齢に気持ちが向く，という環境を望みました。

　スタッフの1人は沖縄出身であり，沖縄を知ってもらいたいという気持ちが強くありました。沖縄は単に風光明媚なだけではなく，沖縄戦という歴史を持ち，現在でも基地があり，そして米兵による事件も起きています。そのスタッフは沖縄で戦争体験者のサポート・グループを続けており，そういう歴史も含めて，理解して欲しいと願っていました。

　そのようにスタッフが話し合い，慎重に選んだ場所にメンバーを招待するということが願いであり，叶いました。

3．スタッフとメンバーの間に対話が成立していること

　スタッフは，どんなワークを提供するかなどを事前に考えていますが，実際にはメンバーの意向により柔軟に対応できるようにしていました。セッションルームに模造紙を貼りだし，それぞれの希望を書いてもらいました。メンバーからの要望にはできるだけ応えるようにし，子どもが一緒に行く時は，ショートトリップの場所を子どもの足に合わせて変更したりもしました。

　さまざまなワークが行われる中，スタッフはできるだけ分散してそれぞれに参加しました。また，スタッフの1人は宿に残り，メンバーが帰ってくるのを出迎えるようにしました。セッションではスタッフも自分の話をすることが少なくありません。スタッフは常にサービスを提供するというわけではありません。スタッフも楽しみ，そして語ります。こうして，スタッフとメンバーのコミュニケーションを維持し，増やすよう努めました。

4．周りの環境や五感に開かれていること

　私たちのグループは，沖縄の暑い環境の中で開かれています。暑さの中では，自分自身について深く考えようにも容易ではありません。他方，海のワークなども開かれるので，自然に自分の身体と環境のことなどに注意が

向きます。耳を澄ますまでもなくさまざまな音が聞こえます。雨の音，風の音，町内放送が聞こえることもあります。夕方になればだんだんと暗くなっていくし，風の向きが変わるのが分かったりもします。早朝の誰もいない御嶽を見たり，日の出を見たり，外にいる時間が長い者もいます。子どもの参加も多いので，セッション中に話したり泣いたり，グループを出入りしたりもします。また，「Let's Share Session」では特に経験を言葉にして共有することを大事にしています。結果として，感覚と言語は，常に相互に開かれているようになりました。

5．生活感や日常性を大事にすること

　私たちのグループに参加して「このグループは親戚の集まりみたいだ」と話したのは，一人のメンバーでした。親戚の集まりというのは，自分が知らない誰かも自分が知っている誰かとつながっているということであり，自分の居場所があるということです。これはメンバー募集が口コミ的であり，誰かが誰かの知り合いであり，継続参加のメンバーが多いために，親戚的な雰囲気ができるものとも思われました。全くの初めての参加でも，何らかの日常とのつながりと共にファシリテーターが目を配るなど，孤立しないような工夫がされていました。

　私たちのグループでは子どもを含めた親子，夫婦，友人同士などの参加を歓迎しています。多い時で 2 組の子ども連れの家族が参加したこともありました。日常性は緩やかに持ち込まれます。子どもが小さいのでどうしてもセッション中でも出入りするし，歩き回ります。親も出入りすることになります。現在の会場（宿）の家族とも仲良くしているので，毎年，この家の子どもも来てメンバーの子どもと一緒に遊んでいます。近所の商店に買い物に行って，土地のおばあさんと話し込むこともありました。

　私たちのグループは，日常とのつながりや生活感を自然の成り行きとしても大事にしていました。

Ⅴ．リビング・グループに向かって──未来

　私たちのグループでは，スタッフ間やスタッフとメンバー間，外の環境との「対話」や「コミュニケーション」が頻繁に行われていました。「対話」や「コミュニケーション」は言語だけでなく感覚としても開かれていました。私たちは，まずスタッフ一人ひとりとしてどのように過ごしたい

のかを考え，メンバー一人ひとりの希望や思いと対話し，実際に動いてみたり試してみたりしました。そうして，グループでの体験が構成されていきました。そこには家族や小さな子どもも参加しており，子どもは大人と等しく一人ひとりの在りようが尊重されました。この実感は，そこで暮らすように過ごすグループ，でした。まったく，私の感覚なのですが，それはあたかも普段のリビングルームでグループのようなひとときを過ごす感覚でした。暮らすように過ごす，その中で自分が自分らしく，何かを主体的にやってみるということが大切にされていました。

　このことは，「オープンダイアローグ」（Seikkula & Arnkil, 2006）の実践を連想させます。オープンダイアローグは，「対話」を重視し，「対話」を続けること自体が治療的であり，その対話も「ポリフォニー的」であることを重視します。オープンダイアローグでもスタッフ間の相互理解と主体性が重視されており，現場では役割も臨機応変に変えていきます。私たちのグループも集団構造をできるだけ柔軟なものとし，スタッフ，メンバー，環境における対話と相互作用の中で，刻々と活動内容が変化します。また，オープンダイアローグでは，治療スタッフがチームとして育つことも重要な特徴でした。私たちも「対話」を重視し，チームとして育ってきたと自覚しています。

　そして，オープンダイアローグが「患者」の生活の場へ出向いて「治療」を行うことを思うとき，私たちのグループもまた，私たちとメンバーにとって生活の場の延長として位置づけられ得るという思いが湧き立ちます。どうやら，これまでのグループ観からははみ出すようです。私たちの10年を振り返る中で，高松（前掲書）は，新しいグループ・パラダイムを提案しました。まだ先走る思いがイメージを形作る段階なのですが，私たちのグループは，仮の名を「リビング・グループ」として今後の展開に向かっていきたいと思います。

　　文　　　献
Seikkula, J. & Arnkil, T. E. (2006) Dialogical Meeting in Social Networks.
　　Routledge. （高木俊介・岡田愛訳（2016）オープンダイアローグ．日本評論社.）
高松里他（2018）スロー・エンカウンター・グループの特徴とは何か？（未公刊）

第16章

自分の持ち味を活かした人生を
希望をもって歩む

キャリア・ライフプランニングにおけるアンティシペーション・
ダイアローグの活用

平井達也

I．はじめに

　この章では，AD（Anticipation Dialogues）をキャリア・ライフプランニングにどのように活用できるかについて具体的に示していきます。詳しい内容に入る前に，まず筆者がなぜキャリア・ライフプランニングにADを応用することを考えたのかについて簡単に説明しておきたいと思います。筆者は学部時代に留学した経験から，特にキャリアカウンセリングと異文化間カウンセリングに興味を持ち，ミネソタ大学の博士課程においてこれらのテーマを中心に研究と臨床実践を行いました。キャリア・ライフプランニングに関しては，当時ミネソタ大学で教鞭ととっておられたサニー・ハンセン教授（Hansen, 1996）の統合的ライフプランニング（ILP：Integrative Life Planning）にも大きな影響を受けました。その後，1）仕事だけでなく人生全体を扱う，2）個人の中のさまざまなリソースや持ち味を活かす，3）グループの相互作用を活用することを大切にしながら，ポジティブ心理学やフォーカシングなどの要素も活かししつつ，自分なりのキャリア・ライフプランニングの方法を開発してきました。そのような折に，2017年のフィンランドへのOD（Open Dialogues）視察の際にトム・アーンキル氏（Arnkil, 2019）からADを学ぶ機会があり，このアプローチはキャリア・ライフプランニングと親和性があり，うまく活かせそうだと直感しました。帰国後，大学で教えていた学部生対象の「キャリアデザイン」という授業においてADを活かしたキャリア・ライフプランニン

グの方法を開発し，それを FCD（Future Career Dialogue）と呼んで実践を続けています。今回は，このキャリアデザインの授業の全体像も示しながら，FCD の実際について具体的に記述していきます。

II．FCD（Future Career Dialogue）とは

　FCD とは，理想の未来を具現化するために AD をヒントに開発された，キャリア・ライフプランニングの手法です。具体的には，理想の未来をイメージし，そこからバックキャスティングでその理想の実現にどのような行動やサポートが必要なのかを明らかにしていくプロセスです。基本的には 3 人組（クライアント，ファシリテーター，オブザーバー）で行い，グループメンバーとの対話やフィードバックを活用することで，個人だけでは得難い気づきを獲得することが可能となります。また，FCD を経験することで，自分が望む未来のイメージが明らかになり，メンバーからのフィードバックを通じて，未来への希望や自己・他者への信頼感が増すことが参加者のアンケートからも明らかになっています。

　キャリアカウンセリングでも，イメージワークなどを使って理想の未来を想像する手法は存在します。しかし FCD は AD の 2 つの特徴を取り入れている点において，従来のキャリアカウンセリングの手法とは異なります。その 1 つ目は，未来からバックキャスティングで現在までを吟味する点です。AD では現在を○年後の問題が解決した未来と仮定し，そのように問題が解決して状況が好転しているのは，これまでに何があったからかを尋ねます。同様に，FCD では 5 年後もしくは 10 年後の自分の理想の生活を現在だと仮定して，そのように理想が実現したのはこれまでにどのように行動してきたのか，周りからどのようなサポートがあったのかを尋ねていきます。現在から未来を投影するのではなく，理想の未来をまず想像して，そこから今を吟味することが FCD の特徴の 1 つです。2 つ目の特徴としては，グループの相互作用を活用する点です。AD では，困りごとを抱えているクライアントのみでなく，家族や本人に関わっている人たちを招き，ファシリテーターはそれらの人たちにも質問をしていきます。そうすることで，クライアントは自分とは異なる視点やアイデアを得て，困りごとへの理解や解決方法へのより広い視点を獲得することが可能になります。FCD でも，クライアント（理想の生活について話す本人）に対して，さまざまな角度から質問をするファシリテーターと，クライアントの話の

内容を記録してくれるオブザーバー，そして両者からのフィードバックを通して，自分では考えつかなかった未来の姿をイメージできたり，実現方法への新しいアイデアを得ることができるようになります。

III. キャリア・ライフプランニングにおける FCD の立ち位置について

FCD は単独で行うことも可能ですが，全体的なキャリア・ライフプランニングのプロセスの中で行う方がより効果的です。ここでは，私が大学で教えている「キャリアデザイン」という授業の中で，FCD をどのように活用しているのかを紹介します。

この授業では，自分という存在を，興味，価値観，性格，強みなどから多角的に理解し，その理解を具体的な将来の生き方や仕事に反映させる実践的な方法を学びます。より具体的には，主に以下の7つのステップを通してキャリア・ライフプランニングを行います。

Step 1：ポジティブ心理学のさまざまな研究結果を紹介することで，社会や常識が私たちの選択に与えている影響や，自分にとっての幸せについての理解を深める。

Step 2：自分の人生に大きな影響を与えた経験（自分史）を振り返り，グループメンバーとの共有やフィードバックを通して，自分の興味や関心，価値観を掘り起こす。

Step 3：心理アセスメント（ストレングス・ファインダーや MBTI：Myers-Briggs Type Indicator）の結果をグループワークを通して共有し，フィードバックを受けることで，自分の強みや性格への理解，および他者との違いや共通点について理解を深める。

Step 4：これまでの内容を整理し自分にとって大切なテーマや持ち味を明確化した上で，それらを活かした生き方や働き方についての情報やイメージを収集する。

Step 5：大学4年間の活用の仕方や卒業後の働き方について，先輩へのインタビューや卒業生からの話を聞くことで，未来のイメージを具体的に描き始める。

Step 6：フォーカシングやレジリエンスの概念を活用して，自分の未来に対するさまざまな気持ちを受け止める方法を学ぶ。

Step 7：FCD を使って，理想の未来をビビッドに描き，その実現のためにどう行動したいかを計画する。

　このように，14 回の授業のうち，主に前半ではさまざまなグループワークやアセスメントを通して，興味，関心，価値観，強みなどについての自己理解を深めます（上記の Step 1～4）。後半では，具体的な情報も収集しながら，自分の持ち味を活かす生き方や働き方についてイメージし，それをどう実現するかを計画していきます。また，この授業では全体を通して 3～4 人でのグループワークを多用するため，アクティブリスニングやフィードバックの仕方についても，実践を通して学んでいきます。FCD はこれらのプロセスの終盤で使うことで，理想の生き方や働き方およびそれら実現方法を明確にすることを意図しています。

Ⅳ．FCD の実際

1．FCD の前準備としての「未来のストーリー」ワーク

　FCD を効果的に行うためにはいくつかの準備が必要となりますが，その 1 つが，理想の未来についてあらかじめある程度イメージしておくということです。その際に，できれば自分の興味関心や価値観，強みや持ち味を活かした未来をイメージできているとより望ましいでしょう。そのために，キャリアデザインの授業では，授業の前半を使って自分の特性について理解を深め，未来を想像するための情報や参考となる体験談を集めてもらいます。その上で，「未来のストーリー」という課題を通して，10 年後の理想の未来をイメージしてもらいます。これらの準備をした上で FCD を行うことで，自分の持ち味を活かした未来をビビッドに想像しやすくなると考えています。

　もし 1 学期ほどの時間をかけて FCD へと繋げる時間がない場合は，少なくとも「自分史」のワークを通して自分の興味や関心を明らかにし，「未来のストーリー」を書くことで理想の未来のイメージをある程度描いておくことをおすすめします。「未来のストーリー」の教示については以下の通りです。

ワーク：未来のストーリー

（これまでワークの結果を参考に）あなたにとっての理想の未来の仕事や

ライフスタイルをイメージしてみましょう。以下の質問を参考に，2つの未来のビジョンを具体的にストーリーとして描いていきます。その際に，今から未来を想像するのではなく，すでに自分が○○年（今から10年後の年号）にいてどのように生きているのかを，箇条書きではなく文章で，現在形で書いてみましょう。

　　あなたは，今20○○年○月にいます。あなたは……
　　・どんなところに住んでいるのでしょうか？（家／居住場所／周りの環境など）
　　・あなたの周りにはどんな人たちがいますか？（友達／パートナー／家族など）
　　・あなたの典型的な1週間はどのような感じでしょうか？
　　・あなたが仕事をしているなら，それはどんな仕事でしょうか？（仕事の内容，仕事の場所，仕事の環境，仕事のやりがい，など）
　　・あなたはどんな気持ち／内面的状態で毎日を過ごしているのでしょうか？

　この「未来のストーリー」を参加者に取り組んでもらう際に，いくつかのポイントを強調します。それらは，1）予想の未来ではなく自分にとっての理想の未来を描く，2）充実感や満足感を感じている自分の生活を現在形で記入する，3）映画のシナリオのようにできるだけ具体的に，ビビッドに描く，4）必要なお金や時間，サポートや資源は十分にあるとする，という点です。これはこのワークにつなげて行うFCDでも，理想の未来を現在形で語ってもらうため，その語りの準備として上記のポイントを意識しながら未来のストーリーを記入してもらいます。

2．FCDの手順について
　上記の「未来のストーリー」の記入が終わったら，いよいよFCDのセッションを実施します。FCDは専門のカウンセラーが進めるのではなく，参加者がお互いを支援しながら進めるため，その手順をわかりやすく目的別に3つのステージ（What, Why, How）に分けています。また，ファシリテーターがセッションを進めやすいように，それぞれのステージの代表的な質問をあらかじめ用意しています。ファシリテーターはこれらの質問を中心に使いつつ，ステージの目的に沿って自由に質問をすることもでき

ます。それぞれのステージの目的と質問例は以下の通りです。

①What Stage：現在の仕事や生活についてなるべく詳細に豊かに語っ
てもらう

・今あなたが携わっている仕事の詳細について教えてもらえますか？（仕
事の内容，仕事環境，やりがいやチャレンジなど）

・仕事以外の生活はどうですか？　今はどこ・どのような家に住んでい
ますか？　生活環境はどんな感じですか？　今の生活や人生について
どのように感じていますか？

・仕事と生活のバランスについてはどうですか？

②Why Stage：なぜ今の仕事や生活を選んだのかについて尋ね，本人
が大切にしていることを探る

・今の仕事や生活で特に満足しているのはどのようなところですか？

・現在の仕事やライフスタイルを選んだ理由は何ですか？

・今のあなたの人生で最も大切なことを3つ挙げるとしたら何でしょう
か？　なぜそれらはあなたにとって大切なのですか？

③How Stage：この10年間どのように夢を実現させてきたのかを探
る

・今の仕事や生活を実現するために，この10年間で最も影響があった
経験についてお話ししてくれますか？

・現在の仕事や生活が実現したのはどのようなことがあったからでしょ
う？　あなたはどのような努力や行動を起こしましたか？　周りの人
からはどのようなサポートがありましたか？

・今の自分（20〇〇年）と10年前の自分を比べたとき，どのような違
いがありますか？（スキルや考え方，物の見方や価値観など）

・今のあなたから10年前の自分にアドバイスをあげるとしたら，どの
ような言葉を贈りますか？

FCD の手順について説明が終わったら，参加者が体験する3つの役割に
ついて伝えます。FCD の3つの役割は以下の通りです。

ファシリテーター：ワークシートの3つのステージの質問を参考に，ク
ライアントに質問をしていくことで，クライアントが未来についてよ

り具体的にイメージを描けるように援助します。

クライアント：ファシリテーターの質問に従って，自由に 20 ○○年の
　　生活と仕事について語ります。実際にできるかどうかは考えずに，自
　　分にとって理想の 20 ○○年の様子を現在形で語ってください。勝手
　　に作り話をしてもらっても大丈夫です。

オブザーバー：クライアントが語った内容を，できるだけ詳細にワーク
　　シートに記録すると同時に，全体のセッションのタイムマネジメント
　　も行います。また，オブザーバーもクライアントに質問をしてもらっ
　　て構いません。

　FCD の手順と役割について説明が終わったら，実際のセッション実施に
入ります。セッションを始めるにあたって，今は 10 年後の 20 ○○年にい
るという設定を意識してもらう必要があるため，セッションは以下のよう
な導入で始めます。

　「今は 20 ○○年です。みなさんがキャリアデザインの授業を受講してか
らちょうど 10 年になりますね。さて，みなさんは 20 ○○年の今，どのよ
うな生活や仕事をしているのでしょうか？　あなたのグループメンバーが
みなさんの『今』について，いろいろと質問をしてくれますので，自由に
答えましょう！」

　セッションは通常 3 人組で行い，1 回のセッション（ステージ 1 〜 3 ま
で）に 20 分程度使います。その後，ファシリテーターとオブザーバーは，
5 分程度でフィードバックをワークシートに記入した上で，5 分程度でク
ライアントにフィードバックを伝えます。フィードバックは以下の 3 つの
ポイントを中心に伝えます。

　1）クライアントの夢やゴールについて素敵だと思ったところ
　2）FCD を通して見つけたクライアントの持ち味や強み
　3）クライアントの夢の実現のための提案や励ましなど

　これらのポイントを見てもわかるように，基本的にポジティブなフィー
ドバックを伝えるようにお願いしています。その理由としては，これまで
実施してきたキャリア・ライフプランニングの授業やワークショップの参
加者の多くが，自分の理想の夢や未来について語ることに慣れておらず，
それらについて語ることは少なからず勇気が必要なことが多いからです。

特に青年期にある学部生の場合，これまで夢を語ったときに親や先生から批判されたり，もっと「現実的に」なるようにと諭されたりした経験から，自分の夢を語ることに抵抗を感じる人も一定数存在しています。また，自分の未来を語ることは，自己開示することになるため，相手からのどのように思われるのかが気になる学生も少なくありません。したがって，どのような夢を語っても，歓迎してもらえる，応援してもらえる，といった心理的安全性を確保することが，このワークを実施する上で重要です。

　上記の手順を踏んで，20分程度のセッション，その後5分程度のフィードバックで1クールが完了します。その後，役割を交代し，3人がそれぞれの役割を1回ずつ体験できるようにします。毎学期の授業評価アンケートを参照してみると，FCDを体験することで「こんなにオープンに自分の未来についてお互い語ったのは初めてだった」「グループメンバーが真剣に私の将来の夢について聴いてくれて，一生懸命フィードバックをしてくれたことで，自分の夢や自分自身に自信が持てた」「未来の視点から話すことで，いつもは思い付かないような将来のビジョンやその実現方法が出てきて驚いた」といった感想が見られます。ADを活用したキャリア・ライフプランニング手法であるFCDを体験することで，自分の将来の生き方をより明確に描き，自己信頼が増し，自分らしい人生を生きることへの意欲も向上することが，これらの結果から示されていると言えるでしょう。

V．FCDとADの共通点および相違点について

　FCDとADの共通点については前述したように，未来にいると仮定して，そこから現在までを振り返る点，ポジティブな未来を想定する点，そしてグループメンバーの複数の視点および相互作用を活用する点などが挙げられます。一方，相違点としては，ADが主に個人もしくは家族や組織の問題が前提になることに比べて，FCDの場合は理想の未来を創造することが目的となるため，問題や困りごとを前提にはしない点が特徴的です。また，ADは専門の訓練を受けたファシリテーターがセッションを進めていくのに比べて，FCDは専門家ではない広く一般の方々を対象としているため，その手順がより構造化されています。また，3つの役割を交代するため，お互いの未来について対等かつ異なる立場から吟味することが可能となっています。

VI. 最後に

　これまで学生向けの授業や，一般の方を対象としたワークショップを実施してきて感じることは，AD や FCD も含め，理想の未来や夢を語ること自体，語った人を元気にする力を持っているということです。特に，自分の話を丁寧に聴いてくれる人が周りにいて，自分が大切にしたいことや自分の持ち味につながって未来を語る時に，「未来語り」は語る本人と周りの人たちにもエネルギーと希望をもたらしてくれます。その意味で，AD や FCD，そして未来を描くさまざまな活動は，私たちがもっと希望を持って生きられる未来への小さな社会変革でもあると言えるのではないでしょうか。

文　　献

Arnkil, T. E. (2019) Anticipation Dialogues. In: Poli, R. (eds.) Handbook of Anticipation. Springer, Cham.

Hansen, L. S. (1996) Integrative Life Planning: Critical Tasks for Career Development and Changing Life Patterns. Jossey-Bass Publishers.

第17章

「わたしたちの自由音楽会」

一人ひとりが自分なりに音を楽しめるパーソンセンタード・
コミュニティ

村山尚子・北田朋子

I．はじめに

　この音楽会は，わたしたち福岡人間関係研究会（代表：村山正治／福人
研）周辺の音楽好きが集まって立ち上げたユニークな音楽会です。そして，
これからも新鮮に変化しながら継続していくだろうと思われる参加者のた
めの集いです（2020年春，第7回目の開会寸前にコロナ禍の情況が深刻
になり中断に到っているのは残念です。再開が待ち遠しいという声も伝わ
ってきています。2023年現在，何人かのキーパーソンが来年のことを検
討中です）。

　そもそもこの企画発想の発端は，自らの方向性を模索中の大学生と私と
の出会いにあります。2人が対話を続ける中で，ミュージックベルチーム
を立ち上げようという発想が生まれてきました。福人研月例会でベルチー
ム立ち上げの夢を2人で語ったとき，丁度そこに参加していた北田（この
文章の共同執筆者で音楽療法家）が励ましてくれました。「1人ではでき
ないというハンドベルの特性。複数の人の協力によって初めて実現できる
という特性から，他者からポジティブな影響を受けている側面が見いだせ
る。（中尾, 2015）」と研究でも認められています。我がベルチームも，発
足当時の4名から総勢で11名のチームが成立しました。

　その後，仲間つながりで音楽活動を続けている人々に声をかけ，九重EG
の夜の宴会でギター，キーボード，ボーカルなど即席バンドで楽しんだ人々
にも呼びかけ，協力が得られて，「多人数による音を楽しむ場」が出来上が
ってきました。特に「ドリプロ（第3部第12章参照）」での私のプレゼン
テーションで音楽会企画進行状況を発表したところ九州大学の高松氏が賛

同して下さり，旧箱崎キャンパス内の50周年記念講堂2階ホールや移転後の伊都キャンパスのゲストハウス多目的ホールの使用許可を得て下さったこと，音楽環境を整えて下さったことによって企画実現が前進しました。

　この企画は音楽を媒体として，参加メンバーのこころとからだが拓かれていく場であり，相互のつながりを感じ合う場でもあります。人々が安心して生き生きと時間と場を共有することでお互いに響き合っている姿が本文後述の「参加者感想のまとめ」からも浮き彫りにされています。このような人々の相互関係は私には，平和な社会への道のりとも感じられます。

（村山尚子）

II．自由音楽会の構造と様子

1．自由音楽会って？

　福岡で始めたこの音楽会は，演奏を行う曲目を4～5曲事前に発表しておき，当日はその曲を順番に練習してその後「本番」としてみんなで演奏するという内容です。先に曲を決めてはいますが，練習してくる人もいれば当日飛び入り参加する人もいます。楽器を持参する人もいれば手ぶらで来る人もいます。そして，音楽や楽器に精通している人もいますが，楽器を弾いたことがない人も大歓迎です。ここでは，「上手に演奏すること」を目的としてはおらず，「それぞれがいたいようにそこにいること」を大切にしています。

2．当日のスケジュールとその様子

　当日のスケジュールは表1のようになっています。

　バラバラと集まってまずは持ち寄った食べ物で昼食をとり（図1），久しぶりの人や初めましての人たちとガヤガヤと歓談します。そしてゆるゆると練習の時間となります。練習の時間も，譜面をきちんと確認している人もいれば，譜面は持たずにいろいろな打楽器を試してみる人もいます。練習はしていないがギターを持ってきたという人は弾いているつもりで楽しんでいます。その回に還暦などのお祝いをされる人のプレゼントを誰も見ていない隅の方で準備している人もいます。

　曲ごとの練習では，その曲を担当する指揮者が真ん中に立ち，マイクを持って曲の進行を確認したり，曲への思いやどんな風に演奏していくかを伝えたりします。全ての曲の練習が終わったら，少し休憩しただけですぐに本番になります（図2）。司会担当は2人で，時には「楽しいねえ～」な

表1　当日のスケジュール

① 11：00〜13：00　会場設営と昼食会 ・機材の搬入（マイクやスピーカー，楽器など） ・昼食の準備（持ち寄り），みんなで食べて交流
② 13：00〜15：30　練習（リハーサル）4〜5曲 ・指揮者が全体の様子を見ながら練習を繰り返す。
③ 16：00〜17：00　本番演奏 ・司会挨拶→代表挨拶→曲の紹介→演奏（その他イベント）
④ 17：00〜19：00　二次会（オープンマイク） ・自由に演奏，さまざまなスピーチ

図1　持ち寄りのお弁当

図2　演奏風景

ど自分の感想も入れながらののんびりした進行で，ゆるやかな雰囲気を作っていきます。

　本番の後はすぐに二次会です。特に順番も定めず，何か演奏したい人や話したい人から順番に前に出ていきます。

　練習から本番までずっと出入り自由であり，子どもたちも自由に外や中で走り回ったり，楽器を鳴らしたり踊ったり，時には外で作ってきた花輪の贈呈場面もあったりします。そんな子どもたちを見ていると，大人も気持ちが開放されます。子どもが大人に合わせるのでも，大人が子どもに合わせるのでもない時間です。

3．場の構造

　構造は図3のように表すことができます。これは，会場の物理的な構造

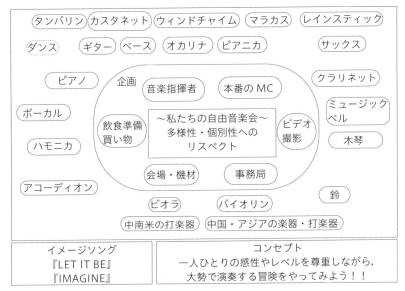

図3　自由音楽会の構造

でもあり，この自由音楽会そのものの構造でもあります。

　これまで参加した楽器は，キーボード，アコーディオンなどの鍵盤楽器，ギター，ビオラ，リュートなどの弦楽器，ハーモニカ，クラリネットなどの吹奏楽器，ミュージックベル，木琴，タンバリンなどの打楽器，レインスティックなどの民族楽器（打楽器）などさまざまな楽器とその演奏者が集まりました。そしてボーカルや子どもたちの即興ダンスも加わります。自由「音楽会」と言っても観客はおらず，全員で円になります。全員が演奏者で全員が主人公です。それを実現させるのは，飲食の準備をしてくれる人，会場や機材の準備をしてくれる人，事務局の役割をしてくれる人などの存在であり，それらすべてを支えているもののとして，「一人ひとりの感性やレベルを大切にしながら，大勢で演奏する冒険をやってみよう」というコンセプトがあります。

4．曲目

　曲目は，例えばコロナ禍前最後の2019年は，「Let it be」「時には昔の話を」「ドレミの歌」「アイデア」「私の青空」でした。選曲はリクエストを中心に，子どもも楽しめる曲，最近の曲でも大勢の人が知っている曲，演奏しやすい曲を選びました。そして，3回目以降は，この会のコンセプト

とつながる曲であるビートルズの「Let it be」と「Imagine」を交互に入れています。

　　　　　　　　　　　　　　　　　　　　　　　　　　　　（北田朋子）

Ⅲ．参加者はどのような体験をしているのだろう

　第1回目から，子ども連れの家族，学生，社会人，高齢者を含めて開催の都度50〜60名が参加しています。70名にもなった年もあったのですが，その都度，楽しく，また真摯に，集ったメンバーで音楽を媒体としたコミュニティ創りをしてきました。

　高齢者である私自身の体験で言うと，10数年前からベルチームの一員として活動はしてきているものの，音楽についてはまるで初心者といってよいでしょう。けれども安心できる仲間と共に，気取りもなく，そのままの自分で，演奏の場に参加することができました。そして，不思議なことにそのままの自分が，思いがけず他者の伴奏者になっていることに気づきました。この共創関係は，私の身体全体の歓びとして感じられる新鮮な感じなのでした。多様な人々の集まりと，それぞれが認め合う拓かれた関係は，無理に一体感を求めるまでもなく，それぞれ個人にとって安全感のある場所になっていくことを実感しました。

　・私たち参加者は心底，何を楽しんでいるのでしょうか？
　・私たち参加者はどういう内的な体験をしているのでしょうか？
　・この場で特有の新しい発想が生まれているのでしょうか？
　・そこはどういう心理的な要素が土台となっているのでしょうか？

　私は，そんなことを理解したくなって，5回目「わたしたちの自由音楽会」終了後に，それぞれ参加者の思いをポストイットカードに簡単な感想を綴っていただくことにしました。145枚のラベルができました。

　今ここで，この音楽会を体験している自分について，あるいはこれまで何回か体験してきた自分について注目することで生まれてくる言葉や表現はどんなものだったでしょうか。145枚のラベルに書かれた言葉を整理しました。

1．KJ法による整理と検討（表2，図4）

　仲間の中には研究上でKJ法による整理まとめを行った人々がいます。わ

表2　参加者の体験の整理

大分類	小分類	感想の内容
1．場を支える要因	価値観・イデオロギー	一人ひとりを大切にする。媒体として音楽の力が存在している。 誰もどんな考えも排除されないし受け入れられる。 語りやおしゃべりも入っている。既成の音楽形式にこだわらない。 計画に縛られず温かい雰囲気に包まれている。
	事前準備	ハード面，ソフト面，キーパーソンは多大な労力を使っている。 実際の準備も有志の人やキーパーソンが労力を提供している。
2．個人の内的体験	ありのまま	そのままの自分でいることができて気楽。一人ひとりが主役。生き生きとしている自分。
	自由	フリーダム。たおやか。ワチャワチャ楽しい。
	挑戦	チャレンジしようという気になる。挑戦の場。
	上手下手を気にしない	自由に演奏できて音楽になる。音を楽しむ。音楽の原点。
	音楽を楽しむ	楽譜を読めなくてもいい。こんな会ができるのが楽しい。　FUN!!
3．つながり感	つながる	バラバラで一緒。何でもありで，みんなは一緒。
	一緒に創っていく	一緒に創っていくプロセスにいる感じ。
	助け助けられる	みんなに支えてもらっている感じ。
4．哲学的なこころの状態	混沌から何かが生まれてくる場	自由にしているが，それなりに何かがうまれてくるのだなあ。可能性が信じられる。
	矛盾・二律背反が共存できる	日常でもないし非日常でもない。懐かしくて新しい。緊張と緩和。自由だが落ち着く。
	なんとかなる	失敗が許されそう。
	受け入れてもらえる場	共に生きていこう。ふところの深さが素敵。音楽は皆のもの。
	居場所	この音楽会は自分の居場所がある。
5．継続性	その後の生活の在り方	年に1回の定点観測。 3次元の人間関係を体験している。
	家族の楽しみが続く	家で音楽会ごっこをしている。
6．出入り自由		途中参加する人， 途中で出る人もあり

れわれ仲間はこんな時には力を貸してくれるのでありがたいことです。結果は表2，図4のような興味深い姿が浮き彫りになってきました（協力者8名：村山正治・高松・村久保・北田・木村・平井・都能・村山尚子）。

2．私の感じたこと

①体験から導き出される意味

私は身近に体験したことを言葉にしていく方が好きなタイプの人間です。そういう意味では，今回の体験の中から何らかの言葉が導き出される整理方法（KJ法）は私にとってはとても納得のいくものでした。

②音楽を媒体とした一つのコミュニティ

音楽を媒体としてつながりを持った人々が，年に1回本番に集う前の準備段階から年間何回か集まりを持ち，メーリングリストで連絡をしあう中，

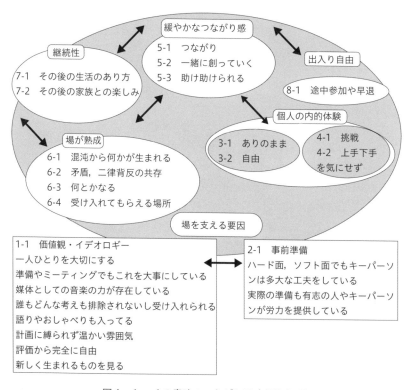

図4　1～6の意味のつながり図（都能作成）

徐々に計画がハッキリと浮き彫りになっていくプロセスや人々のつながりができてくる様子は，音楽を媒体とした一つのPCAコミュニティ生成と考えることができます。

　面白いことに，最近夫の村山（正治）から紹介してもらった『人類学とは何か』（Ingold, 2020）の中でティム・インゴルドは，「新しい文化人類学の在り方として，他者を気遣い，他者と共に世界を築いていくことが未来に向けて創り出そうとしている人類学である」と表現している文面を見つけて私は驚きました。その他資料の中に"アートコミュニティ"と呼ぶアートと人々のつながりを基にしたコミュニティを創造する試みもあることも知りました。我々のこの音楽会もそうですが，他者と共に新しい世界を創造していく在り方を模索し，変化してきているのですね。

③この音楽会はEG体験から生まれる人間像と重なるところが多い

　村山が本書の第1章で述べているEG後の参加者体験像とこの音楽会体験後の感想と照らし合わせると，

　「一人ひとりを大切にするイデオロギー」，「そのままの自分でいることができて気楽」，「生き生きとしている自分」，「チャレンジしてみようという気になる」，「みんなに支えてもらっている感じ」，「自由にしているが，それなりに何かが生まれてくる」，「可能性が信じられる」，「自由だが落ち着く」，「失敗が許されそう」，「共に生きていこう」，「自分の居場所がある」

　等の表現が重なっていることに私は意味を感じています。

　今，私はこのように音楽を媒介として人々と寄り添いながら新しい世界を創造していく素晴らしい経験をさせていただいています。まだまだ楽しみながら学んでいる過程ですが……。みなさん，ありがとうございます。

（村山尚子）

IV.　おわりに——今後の展開の可能

　私は音楽や音楽療法に馴染みがあったため，このような会はすぐにやりたい！　と思いました。ただ，私は，自分がやりたいことよりも中心となっている人のやりたいことが実現するように動こうとするところがあり，最初は必要なこと以外は動かないようにしていた記憶があります。しかし回が進むうちに例えば，急にきた人も楽しめたらいいなと思い民族楽器の打楽器を勝手に持参して置いておくなど，少し予定外の動きをしても誰に

も咎められなかったり，それで楽しむ人がいたりする場面を体験していきました。そのうち，「もう少し自由に動いていいのかな」という気持ちになってきました。そして段々と，その時感じたまま自分の音楽的な経験を気おくれせずに使えたり，自分が大事にしていること……音楽に馴染みがあるないにかかわらず，その人が楽しむには楽器や音楽とどう関わればいいのかを考えながらそれを伝えたり動けたりするようになっていきました。

　このようなことがなぜ可能なのかというのは，やはり前述のように全体的に流れているコンセプトが欠かせないと思っています。音楽の場でありながら，手作りの食べ物を持参してくれる人もいれば，音楽はほぼせずにずっとアルコールを飲んでいる人（！），音楽に関係なく走り回っている子どもたちもいる。「音楽の上手い下手ではない」というのが口先だけではなくその場で現れている空間でした。そのような，「いろんな人がそれぞれのあり方でいて許される雰囲気」であることによって，自分自身のチャレンジをこわがらずにできたり，人の評価を気にせずに自由に動けたりしていったのだろうと思います。

　この「わたしたちの自由音楽会」は，コロナ禍になって以来実施していません。しかし，その中でも「できることでやりたい」と思うベルチームメンバーが，人数制限をしながら演奏して楽しんだり，演奏動画を参加できなかった仲間にも送って楽しんだりするなど，状況に合わせて形を変えながら続いています。

　また，北田は福岡とは程遠い京都で形を変えた「自由に音を楽しむ会」を企画し実施しました。コロナ対策で人数制限をしてではありますが，1歳から70代以上のさまざまな方が参加されました。この京都の会の実現までには，音楽や音楽療法に携わるスタッフ6人であああだこうだと一から話し合いました。スタッフのうち北田を入れた3人は福岡での「自由音楽会」経験者であったためその雰囲気やコンセプトを共有しながらも，それぞれの持ち味が出る内容に作り上げていきました。そのため，自由にさまざまな楽器を鳴らしたり，リクエストに急に応えてスタッフの一人がピアノ伴奏をして歌や楽器で曲を進めたりなど，「先に決めていた既成曲を演奏する」という福岡の内容とは違うものとなりました。しかし，コンセプトである「多様性・個別性へのリスペクト」「一人ひとりの感性やレベルの違いを尊重しながら大勢で演奏する冒険をやってみよう！」という部分はベースにおいて行ったところ，初対面の人たちがいつのまにか一緒に同じ楽器を誘い合って練習していたり，最初は母親の陰で恥ずかしそうにしてい

た初対面の幼児2人がいつのまにか仲良くなり，最後にはきゃあきゃあ言いながらまねっこ遊びをするようになったりなど，さまざまな面で自然に人との出会いやつながりが生まれる会となりました。

　このような，音楽の正しさや上手さを求めることなく，一人ひとりがイキイキと自由に過ごせるような音楽の会の実現にはさまざまな条件があると思いますが，現時点で思うのは，「ファシリテーターが方法にこだわるのではなく目的や姿勢などファシリテーターのあり方を念頭に置いて行うことで，対象者の個性が浮かび上がる場となっていく」（北田，2020）というように，コンセプトは大切にしながらも内容はその会をやりたいと思った人たちの持ち味を大切にすること，そして一から創り上げるプロセスも楽しむことではないかと思っています。

　音楽は，演奏したり歌ったりする能動的な楽しみ方だけではなく聴くという受動的な楽しみ方もあり，さまざまな人がさまざまな形で楽しむことができるツールです。音楽を媒体とするこのような場が増えていき，人と人が分断されたり強制されたりすることなくゆるやかにつながる輪が広がっていくことを願っています。

（北田朋子）

文　　献
北田朋子（2020）施設入居高齢者へのひとりひとりを尊重するオープングループの試み―なじみの歌を用いて．人間性心理学研究，37（2），157-167.
村山尚子（2010）福岡人間関係のコミュニティ．エンカウンター通信400号記念特集号，129.
村山尚子・高松里・北田朋子ほか（2018）音楽を媒介としたコミュニティの形成と参加者の体験について―「わたしたちの自由音楽会」．日本人間性心理学会第34回大会発表論文集.
中尾陽子（2015）ハンドベル演奏活動から生まれる心理的・教育的影響の検討．人間性心理学研究，32（2），157-168.
Ingold, T. (2018) Anthropology: Why It Matters. Wiley.（奥野克巳・宮崎幸子訳（2020）人類学とは何か．亜紀書房.）

第 18 章

強みを活かす

産業組織におけるパーソンセンタード・アプローチ

西木　聡

Ⅰ．エンゲージメントを高めるマネジメント

　ギャラップ社の会長であるジム・クリフトンは著書『ザ・マネジャー』
(2022) の中で,「仕事上で自分の成長を後押ししてくれる人がいる」とい
う質問に, 従業員の 60％が「強く同意する」と回答したなら, 職場を変革
し, 世界を大きく変えたことになる, と述べています。現代社会において
生産性を高める最大の方策は, 人の力を最大化する組織をつくることにあ
る, というのが彼の主張です。

　この質問は Q12（キュー・トゥウェルブ）というギャラップ社のエンゲ
ージメント調査の中の 1 つです。「ワーク・エンゲージメント」といえば,
仕事に対してポジティブで充実した心理状態のことを指します。「エンゲー
ジメント経営」といえば,「絆の経営」と訳されるように, 組織とメンバー
が信頼に基づいたつながりを築いている経営のことを指します。

　ギャラップ社の 2017 年のエンゲージメント調査では, エンゲージメン
トしている従業員の割合が, 日本は 6％で世界 139 カ国中 132 位でした。
日本の産業組織はかくも疲弊しているのでしょうか。これは日本経済新聞
でも衝撃的な結果として報じられました（日本経済新聞, 2017）。

　ではエンゲージメントを高めるにはどうしたらいいのでしょうか。ジム・
クリフトンは「部下の強みを活かすマネジメント」こそが最もエンゲージ
メントを高めると言い,「強みに基づく組織文化」を築くことを提唱してい
ます（同書）。誰しも, 基本的欲求として, 仕事に居場所や自分の価値を
感じたいと思っています。自分の強みや良さを発揮して上司に認められた
り, お客様に感謝されたりする経験は, この基本的欲求を満たすことにな
り, そのことがエンゲージメントを高めると考えられます。

Ⅱ．強みにフォーカスする研修

　強みにフォーカスするとどうなるのか，研修を受けているつもりになって考えてみましょう。

　以下のモノローグは，最近モチベーションが落ちているあるスーパーの店長が，「ピカジップ愛」という強みにフォーカスする研修を受けたという設定で，彼の心理の変化とマネジメントの気づきを得ていく様子を，イメージして描写したものです。

　私は 50 歳。店長で 50 人の部下を持っている。上からはしっかり部下を褒めるよう方針が出されている。こういう方針が出ると，組織的な取り組みになって，何か「褒め殺し運動」のようになっていく。褒めなければならない，という雰囲気になると不自然だ。無理して褒めるのではなく，もっと自然に部下と関わるべきではないか。第一，私は上から褒められたことはない。下からは突き上げがくる。まったくもって疲弊している中間管理職なのだ。

　ワークが始まった。シートが配られ，「今までのキャリアの中で自分の強みを発揮した体験を書いて下さい」とある。思い出せない，少なくともこの 10 年は。いい思い出と言えば，ロング・ロング・タイムアゴーになるが，私の描く POP がずいぶん褒められたことかな。もともと絵と作文は得意なのだ。価格や商品特性を伝えるモノ POP ではなく，コト POP が流行り始めた頃だ。商品を食べている時の一家団欒を描いたシリーズを作った。例えばスイカの売場には，夏休みに田舎のおばあちゃんの家に行き，川で泳いだ後，井戸で冷やしたスイカを，縁側で従兄弟たちと並んで食べた思い出を絵と文にした大きな POP を飾った。それは年配のお客さんたちに大受けに受けた。気恥ずかしかったが，ちょっと誇らしく，この仕事をしていて良かったと思えた。そんなことを研修のワークシートに書いた。

　次のワークは，6 人グループでそれぞれの成功体験を発表して，一人ひとりの強みをフィードバックし合うワークだ。先頭バッターは

私だ。まずワークシートに書いた体験を発表した。

続いてファシリテーター役が, 他のメンバーに質問を求めた。「その他に評判だった POP は？」という質問には, 得意満面いくつかの事例を話した。皆は興味深く聞いてくれ, 「すごい」と言ってくれた。ちょっと頭を掻いた。また「同僚たちの反応は？」という質問には, 気づかされることがあった。私が POP を作っている時には, 同僚たちが穴埋めをしてくれていたのだ。私が「すまんな」と謝ると, 「お前の POP は俺たちの給料の何倍もの売上を作ってくれるからな」と笑ってくれたことを思い出した。私は皆に支えられていたのだ。

ひと通り質問が終わると, ファシリテーター役は次のステップ「成功体験を聞いて感じた事例提供者の強みや良さを話し合う」に移った。このワークにはもう一つの役割として「記録係」がいる。事例の内容やメンバーから出された沢山の強みを白板に書き出していく役割である。こうして次々にフィードバックが白板に追加されてでき上がったのが私の「ストレングス・マップ」だ。少し元気が湧いてきた。まんざらでもなかった。それを眺めながらしみじみ思った。私の強みは他にもある。それらを活かせばまだまだ自分を輝かせることができるかもしれない。部下に対してもそれぞれの強みを活かすようにしてやろう。そうすれば, 彼らはもっとポテンシャルを発揮するに違いない, と。

III. 強み発見事例研究法「ピカジップ愛（PCAGIP&AI）

このワークは村山正治先生が開発された事例研究法「PCAGIP」に強みアプローチの手法である「AI」(Appreciative Inquiry) のハイポイント・インタビューを組合わせた強み発見事例研究法で, 「ピカジップ愛」(PICAGIP & AI) と名付けました。このワークでは, 1グループ6人程度の編成にし, 一つの事例につき, 事例提供者, ファシリテーター, 記録係, メンバーの役割を設定して, 以下の6つのステップで話し合いを進めます。そして役割を交代しながら, グループ全員の事例を取り扱います。一事例につき 30 〜 40 分, 6人であれば約3〜4時間のワークとなります。

第1ステップ：ハイポイント・ストーリーの作成。

第2ステップ：ハイポイント・ストーリーの発表。

第3ステップ：質問によって事例を深める。

第4ステップ：強み発見討議。

第5ステップ：ストレングス・マップの作成（第2〜5ステップ）。

第6ステップ：感想のシェアリング。

　感想としては，「グループメンバーからいろいろ励まして頂いたり，褒めて頂いたりしたことが自信につながりました」「自分の強みを活かすこと，自信を持つこと，忘れがちですが，改めていい機会でした」「今の自分が持っている強みは過去の経験から成り立っていることを感じました」といった声があり，強みに光が当てられると自分の内部でどのような変化が起きるかを，身をもって体験する機会となっています。私はよく「人も植物も同じで，光の当たる方向に伸びていく」と言います。「強み」に光を当てるとどんどんそれが伸びていく，「弱み」に光を当てると自信が持てずネガティブ感が膨らんでいく，どちらが人を成長させるアプローチになるかは明白です。

　また「他のメンバーの，仲間を大切にされていることなど，素晴らしい価値観を聞けたのも参考になりました」といった声など，他のメンバーに刺激を受けるという感想も出ています。このワークが相互作用で作られていて，メンバーから得られるものもたくさんあるという点では，エンカウンター・グループ的な一面もあるといえるでしょう。

「ピカジップ愛」（PCAGIP&AI）の留意点

　このワークを進める上で，1つ目の問題は，しっかりと安全性を確保するということです。ワークの前に，以下5つのグラウンド・ルールを徹底することで，安全性の確保を図ります。

　1）ネガティブ・フィードバックは禁止。

　2）評論家にならない。

　3）事例提供者に対する感情移入と共感を大切に。

　4）他者の強みや良さにスポットを当てる。

　5）応援メッセージを込める。

　2つ目の問題として，全員が1回はファシリテーターになるため，ファシリテーションに慣れていない人に，どう最低限の進行役を務めてもらうかという問題があります。そのためにファシリテーション・ガイドを作り，ファシリテーターの役割をレクチャーします。ただ全員がこのワークの狙いや進め方を理解していれば，上手にファシリテーションができない人がいても，グループの中に相互作用が起こり，助け合って1つのセッションを作り出していけると思っています。

　3つ目の問題は，メンバーの質問力の問題です。質問が興味本位に流れたり，質問がなかなか出なくて討議が行き詰まったりするのを防ぐため，ワークの意図に沿った質問が出るよう，質問ガイドを作っています。AIでは「組織は繰り返し質問される方向へと動いていき，その質問が肯定的なものであればあるほど，組織の対応はより希望に満ちたポジティブなものになる」（ダイアナ・ホイットニー，アマンダ・トロステンブルーム『ポジティブ・チェンジ』(2006)）と言います。

　4つ目の問題は，ストレングス・マップの質にばらつきが出ることです。全員が1回は記録係になるため，まとめるのが上手い人や絵にするのが上手い人がいる反面，苦手な人もいます。これについて村山正治先生に相談したところ，「PCAGIPでもピカマップと呼ぶのをやめようかとも考えている。マップという言葉を使うと，きれいに書かないといけない，と思いやすい。大事なのは『視覚化』であり，上手に書こうと意識すると本質からずれてしまう。落書きでいいんだよ，と言って力を抜いてもらう方がいい」というアドバイスを頂き，随分ハードルが低くなったと感じています。

IV. ある地域生協のパーソンセンタード・アプローチ

　「ピカジップ愛」のワークは，とある地域生協の50歳キャリア研修にも取り入れています。この生協は，30歳から5歳刻みで55歳まで6つのキャリア研修を実施し，職員のキャリア形成を支援しています。ここまでキャリア研修に力を入れている団体・企業は，他に類例を見ないでしょう。

　6種の研修は，年代に応じてプログラム構成は異なりますが，「職員一人ひとりの自己実現を応援する」という研修方針のもと，「強みを活かす」というアプローチで一貫させています。

　パーソンセンタード・アプローチの祖，カール・ロジャーズは，人も動

物も植物も，あらゆる生命体は自分を咲かせる潜在的な力を有しており，それを「実現傾向」と呼びました。そして人はその「実現傾向」に従って成長すると言います。ただ，多くの人が自分探しの迷路に入り込むように，自分の中には生来どんな可能性があって，どこに向けて成長し，どんな花を咲かせていけばいいのか分からないという問題があります。

　しかし1つだけ言えることがあります。一人ひとりの実現傾向はそれぞれの「強み」の延長線上に見出される，ということです。人には得手不得手，向き不向きがありますが，天賦の才はその人が持つ強みの中に与えられているからです。したがって節目節目のキャリア研修の中で，自分の強みや良さを再認識し，今後のキャリア形成や成長の方向を考えていこうというのが，この生協のパーソンセンタード・アプローチの柱となっているのです。

　この生協のパーソンセンタード・アプローチはキャリア研修に留まりません。毎年実施している「職員意識調査」により，職員の不満とモチベーションの状態を把握し，役員・部長クラス約50人を対象に幹部研修を開き，マネジメントの改善課題を共有化しています。この研修では，数値で分析される定量データのみならず，自由記入欄に書かれた定性データまで読み込み，職員の声に真摯に耳を傾けようとする幹部の姿が見られます。

　また人事評価制度は，評価者である管理者の運用によって，部下を育てるツールにもなれば殺すツールにもなります。そこで年3回の管理者研修によって「育成型人事評価」のマネジメントスキルの向上を図っています。研修では「人事評価の主役は部下，目的は部下育成」「評価はプロセス重視，強み重視」「積極的傾聴による面談重視，対話重視」といったことを徹底させています。

V．産業組織におけるパーソンセンタード・アプローチとは

　私は経営コンサルタントを本業としていますが，村山正治先生や福岡人間関係研究会の仲間たちからエンカウンター・グループやファシリテーションを学び，産業組織においてパーソンセンタード・アプローチを実践することをテーマとしてきました。

　組織開発におけるパーソンセンタード・アプローチとは，「産業組織の中で，カール・ロジャーズの理念である一人ひとりの『実現傾向』を大切にし，『成長』を促進していくアプローチである」と私は考えています。よ

く，それを組織のパフォーマンスを高めるための"手段"と受け取られる向きがありますが，私にとってはそれ自体が"目的"です。一人ひとりの強みを解き放ち，自分の花を咲かせることを支援することが目的なのですから，そのための手段やアプローチ法は無数にあっていいと思います。

　カール・ロジャーズは世界平和を真剣に考え，対話によって実現しようと取り組んだことがノーベル平和賞の候補として評価されました。ロジャーズは，パーソンセンタード・アプローチが心理学やカウンセリングという分野に閉じ込められるのではなく，あらゆる分野で草の根的に実践，展開されることが世界平和に繋がっていくと考えていたのではないでしょうか。その意味で，パーソンセンタード・アプローチは一つの固定された形をとるのではなく，アメーバのようにさまざまに形を変え，さまざまな分野で時代に応じた取り組みがなされていくものだと思います。

　私も産業分野において，パーソン・センタード・アプローチのさまざまな取り組みの可能性を模索し，この地球の片隅で，平和な社会の実現の一端を少しでも担えたらと思い活動を続けていくつもりです。

文　献

Bloom, A. T. & Whitney, D. D.(2003)The Power of Appreciative Inquiry: A Practical Guide to Positive Change. Berrett-Koehler Publishers.(ヒューマンバリュー訳（2006）ポジティブ・チェンジ—主体性と組織力を高める AI. ヒューマンバリュー.)

Cliftion, J. & Harter, J. (2019)It's the Manager: Moving from Boss to Coach. Gallup Press.（古屋博子訳（2022）ザ・マネジャー—人の力を最大化する組織をつくるボスからコーチへ. 日経 BP・日本経済新聞出版.)

日本経済新聞（2017）「熱意ある社員」6％のみ　日本 132 位（米ギャラップ調査）. 2017 年 5 月 26 日.

自分の経験を言語化する

親がいなくなる経験の言語化と展開

井内かおる・高松　里

Ⅰ．はじめに

　私（井内，以下同じ）は日頃の臨床や活動において，PCA を強く意識しているわけではありません。もちろん，面接での基本的な態度は PCA の影響を受けていますが，「PCA でやっています」と言えるほど PCA のやり方を意識してはいません。また，仕事以外で，音楽活動，グループアプローチ，巡礼の旅，などのさまざまな活動もしており（第3部第14章の高松・井内の項参照），これらも PCA 的ではあるかもしれませんが，PCA を実践する，という意識でやっているわけではない，というのが正直な所です。

　そんな私ですが，この後に書く自分の経験を言語化する営みは，この本を一緒に執筆している，PCA を大事にしている仲間が周囲にいてくれたから続けることができた，と感じています。彼らから私が受け取ってきたのは，あなたはあなたでいい，あなたらしくあればいいし，あなたらしくなっていけばいい，あなたがしたいことを我々は尊重する，という有形無形のメッセージです。

　自分の経験を人にゆっくり語る機会は，日常生活ではなかなかないものです。マジョリティが経験していない経験，苦難や苦労の経験であればなおさらだと思います。加えて，私を含め心理臨床を生業とする人たちは，人の話を聴くための勉強をし，覚悟とモチベーションをもって人の話を聴いていると思いますが，自分自身の話をすることには消極的で，半ば禁忌のように感じているムードさえうかがえます。適切な距離感で話を聴くために，面接で自分の情報を出さない，自分の話をしない，ということを我々は意識していると思います。しかし，これが過剰に作用して，面接で受け

身に徹したり，さらには面接場面以外でも自分の話をあまりしない，という人が少なくないように感じられます。

　私自身は，自分の苦難の経験を語りたいと思ってきました。そして，約30年間，さまざまな場所でその経験を話してきました。仲間の有形無形のエールを感じながら取り組んできた言語化の営みと，そこから得られた考察を，以下に述べたいと思います。

II．自分の経験を言語化する

1．私の経験の概要

　私の経験を簡潔に言い表すと，「10代で両親との死別・離別を経験し，それに伴って相対的貧困も経験した」となります。端的に表現するとこの一文になりますが，もちろん，この一文にはさまざまな経験や思いが詰まっています。そして，この経験が私が心理職を志す大きな動機ともなりました。どんな経験だったのか，もう少しだけ具体的に書いて，概要にしたいと思います。

　私の家族の元々の構成は，母方の祖母とその姉，母，父，私，1つ年下の弟，5つ年下の妹，の7人でした。祖母と母は，とある地方都市で，建設業の長期出張者や商人が泊まる小さなビジネス旅館を営み，父は別の仕事（私が小学校に入る頃からは自営業）をしていました。

　小4の時に祖母の姉が，中1の時に祖母が病気で亡くなりました。そして，中2の秋に母のガンが発覚，余命3カ月と宣告されました。闘病を経て半年後，私が中3の6月に，母は44歳で亡くなりました。7人いた家族は4人となり，父子家庭となりました。

　私が中学に入る前後の頃から，旅館の経営が傾きつつあることを感じていましたが，母の死後，父の収入だけで生活するようになってからはさらに，経済状態の悪さを肌身で感じるようになりました。例えば，高校の授業料が引き落とされない，月々の小遣いをきちんともらえない，風呂が使えなくなり2日に1回銭湯に通う，などといったことがありました。小遣いがもらえないため，昼ご飯を抜きそのお金を貯めて，小遣いにしていました。

　経済的な理由もあり，私は地元の大学に進学しましたが，大学1年の終わり頃，父が家に帰って来なくなりました。やがてお金や食べ物が底をつ

いてしまったので，父の店に勤めていた女性にお米やお金を融通してもらい，食いつなぎました。その頃，消費者金融の取り立てが家に来るようになりました。また，その女性に相談しているうちに，父が消費者金融だけでなくその女性にも借金をしていることが分かりました。

やがて父の居場所が分かり，父に働きかけた結果，いなくなってから1カ月ほど経った頃，父はいったん帰ってきました。父の兄を呼び，その女性も含めて話し合いの場を持った所，借金の総額は1,000万円ほどあることが分かりました。父は仕事を探し，父の給料と，高校を卒業してすぐ就職した弟の給料，私のバイト代を合わせて生活し，借金も親子で返していくことになりました。

しかし，その話し合いから1カ月ほど後，私が大学2年になってすぐの頃（1990年4月初め）に，父は再び家を出て行き，今度は二度と帰って来ませんでした。7人いた家族は，私たちきょうだい3人だけになりました。

借金取りから逃れるためなどの理由で，きょうだい3人でアパートの1室に引っ越し，私が大学を出るまでは，弟の給料と，私のバイト代で生活費を賄いました。また，父が借金で人に迷惑をかけたこと，頼るべき存在である親が2人ともいなくなったことで，私は"人に迷惑をかけてはならない""誰にも頼らず1人で生きていくしかない"と強く自分に言い聞かせました。バイトと授業のかけもちで非常に忙しく，また，心理的に孤立無援の状態だったため，いつも崖っぷちに立たされている感覚で暮らしていました。

バイトに明け暮れた私は，卒業論文と就職活動でつまずいてしまいました。最低限の卒業論文を書いて卒業し，なんとか就職もし，大学卒業後の6年間は妹と2人暮らしをしました。その後，単身で福岡に来て，20数年が経過した所です。妹と暮らしていた頃も，福岡に来てからも，孤立無援感は継続し，20代，30代の頃は生きづらさを感じることが多くありました。生活の安定と，さまざまな人とのご縁で，孤立無援感が少しずつ和らぎ，安心して暮らせるようになったのは，ここ10年ほどです。そして，2019年に旅先のスペインで右腕を骨折した時に，多くの人の好意や手助けを浴びるように受けたことで，"誰にも頼らない"という頑なな気持ちがほどけ，親がいなくなった経験はようやく"過去"になった，と思えました。

父については，家を出た後に関西の親戚を頼ったようであることは分かりましたが，その後の消息や住所は分からないままでした。そして，いなくなってから約15年経った2005年頃，行政からの連絡で，父が生活保

護を受けていることと，住所が分かりました。住所が分かったことで，父に会おうと思えば会える状況になりました。会ってみたい気持ちはありましたが，不安も強く，決断できないまま，時間が経過しました。そして，2017年に，同じく行政からの連絡で，父が2016年に亡くなっていたことが分かりました。父の遺骨を引き取る経緯の中で，父の兄が借金を肩代わりしてくれたようであることも知りました。また，父は難病を患い，働けないため生活保護を受給していたこと，生活ぶりは真面目だったことも知ることができました。私たち子どもを置いて出て行ったことについては，当然納得できない気持ちや怒りがありますが，その後の父の生活が荒んだものでなかったと知ることができたのは，せめてもの救いでした。

　家族に関する残った課題は，福岡に来る頃に音信不通となった弟のことです。借金を払ってくれた父の兄家族のことも気になっています。また，親がいなくなった経験は"過去"になりましたが，あの経験の影響と思われる自分の思考や感情に気づくことは多く，心のプロセスはまだ続いています。弟のことをどうするのか，といった現実的な課題はもちろんですが，あの経験にまつわる心の作業も，生きている間続いていくのだろう，と感じています。

2．言語化のプロセス

　私はこれまで，さまざまな機会に，さまざまな語り方で，親との死別離別のことを話してきました。大変だったという気持ちをとにかく話したい，誰かに聞き届けてほしい，という思いがあったからです。また，似た経験をした人に意外と出会えないため，発信を繰り返していけば，どこかで出会えるのではないか，という期待もありました。孤独を感じていたから，誰かに知ってもらい共感してもらうこと，同じような人に出会うことで，自分は1人ではない，と確認したかったのだろうと思います。

　しかし，日常生活においては，少し話すと相手にびっくりされて，詳しく語れないことが多くありました。例えば，お盆や年末に「実家に帰省するのか」と世間話で聞かれることがよくあります。たいていは「帰らないです」とだけ答えますが，その度に，世の中には自分も含め何らかの理由で実家に帰れない人もいるのだから，そういう聞き方をしないでほしい，と釈然としない気持ちがつきまといます。それで，この人なら事実を言っても良いかもしれない，と思った相手に，もう両親はいないし実家もないから，と言ってみたことがありますが，ごめんなさいと恐縮されて，会話

が終わってしまいました。多少険のある言い方になっていた気がするので，相手に非があるというわけではありませんが，このように自分の経験を率直に語れないことが少なからずありました。

　自分の経験を話せたのは，親しい間柄の人や，エンカウンター・グループや月曜会（高松主催の継続型グループ）などのPCAベースのグループアプローチの場でした。それらの機会に，概略や断片的なエピソードを話してきました。

　そうしているうちに，「当事者研究」として自分の経験を扱う，という枠組みに出会い，日本人間性心理学会での発表（井内・高松，2010）などを行いました。この枠組みで初めて，自分のライフストーリー全体をある程度まとまった形で言葉にし，複数の人に向けて発信することができました。

　さらに，自分の経験を言語化する方法として，高松が「ライフストーリー・レビュー」を発表しました。これは，「これまであまり語ってこなかった過去の経験について，他者の協力を得ながら光を当て，言語化を行い，その経験の意味を考える」方法です（高松，2015）。この方法で，福岡に来るきっかけとなった，重要だけど詳しく語ったことのない経験を，高松に聴いてもらいました。このセッションでは，記憶や言葉が具体化し再構成され，その場で共有されていく感覚がありました。同時に，当時の気持ちを噛みしめるように味わい，自分の身体の一部として収まっていくような感覚もありました。聴いてもらってありがたいという気持ちが湧き，その経験が宝石のように思えるようになりました。

　そして，50歳になった一昨年（2021年），残りの人生で何をしたいかを考えた時，まず思い浮かんだのは，自分と似た経験を持つ若者に語りかけるように自分の経験を物語る本を書く，ということでした。自分と似た人々に出会いたいのはもちろんですが，これまでの言語化のプロセスを経て，あの経験で自分は大きな影響を受けており，それを咀嚼し自分の身とするには，1つの物語として他者に向けて対話的に言葉にすることが必要だ，という感覚があったからでした。そう考え，現在執筆を進めています。

III．言語化を通じての考察

1．言語化は繰り返されてゆく

　私の言語化は，場の構造としては，親密圏や秘密が守られる安全な場所で話し，そこを拠り所にしながらより多くの人々に向けて話す，という流

れです。語り方としては，概要やエピソードの断片の語りが積み上がった後に，当事者研究として自分のライフストーリーをまとめて言語化する機会を得て，さらに，ライフストーリー・レビューで特定のエピソードを共同で言語化しました。これらを通じて言語化することの意味が明確になり，ライフストーリー全体の文章化をするに至りました。

　一連のプロセスを振り返って思うのは，一度言語化して終わり，ではなく，さまざまな言語化の経験が繰り返され多層的に重なっている，ということです。言語化する度に何らかの気づきを経験し，それがさらなる言語化のモチベーションとなってきた気がします。私の言語化の営みは，おそらく今後も一生続いていくのだろうと思います。

2．言語化を通じて，経験が消化され，意味のまとまりができた

　現時点での私の言語化の最先端は，この経験をめぐるライフストーリー全体の文章化ですが，これを2年半にわたって行う中で，予感した通り，過去の経験に伴う気持ちを味わい，消化することができていると感じます。その結果，自分の経験を言い表すいくつかの意味のまとまり（「見守りの眼差しを失う経験」「マイノリティの経験」「名前がつかない経験」など）ができ，経験全体のまとまりが良くなったと感じています。

3．自分の行動や感情がよく分かるようになった

　人を頼ってはいけない，と強く自分に言い聞かせたために，人を頼らず自己完結させる対処行動（忘れないように何でもメモを取る，間違いがないか何度も確認行動を取る，服をたくさん買うことで自分の心を支える，など）を取ってきたことが，よく分かりました。

　また，感覚（フェルトセンス）や感情を味わう間もなく対処してきたことが多かったことにも気づきました。それにより，最近は感覚や感情にアクセスしやすくなり，それらを置き去りにしないで，自分全体で外界にコミットできるようになってきたと感じています。

4．苦難の経験が"過去"になるには，長い時間がかかる

　言語化と，苦難の経験に伴う思考や感情がやわらぐ・ほどける経験を積み重ねたことで，私の経験はようやく"過去"になったと思えました。父がいなくなってからそこまでに，約30年の時間がかかっています。苦難の経験にまつわる生きづらさがやわらぐには，数十年単位での長い時間が

かかりうる，と言えます。

5．苦難の経験には共通点がある

　私が心理的に何に苦しんだかを一言で言えば，"孤立無援"，すなわち
"ひとりぼっちで誰も頼れない"という点であったと思います。これは,言
語化を繰り返す中で明確になりました。それで思い出すのが，医師として
トラウマ治療にあたっている白川美也子さんの「ある体験がトラウマにな
ったということは，その時あなたは『ひとりぼっち』だったということで
す」という言葉です（白川，2016）。その意味では，私の経験もトラウマ
ティックだったと言えます。そして，ひとりぼっちであることがトラウマ
の本質ならば，あの経験にまつわる私の感情経験は，トラウマを抱えてい
る人のそれと似通った部分があるのではないかと思います。

　また，Ⅱ．の2に実家の帰省にまつわるエピソードを書きましたが，この
種の経験は，他のマイノリティの人々もしているのではないかと思います。

　これらのことから，経験の内容は違っても，感情の部分で，他の苦難の
経験をした人とつながることができるのではないか，と思うようになりま
した。

　「あなたと私は違う人間で，している経験もずいぶん違う。でも，その経
験の中で味わった感覚や感情は，似ている所があるかもしれない。私はこ
うだったけれど,あなたはどう？　あなたの話を聴かせてほしい」。そんな
風に語りかけて，相手の話を聴き，自分の話も語り，お互い似た所がある，
そう思えたら，自分は1人ではない（I'm not alone.）と思えるのではな
いか。そしてそう思えることこそが，苦難の経験をした人にとって，重要
なのではないか。そう思います。

Ⅳ．今後の展開

1．物語る場所を作る

　私のように，日常生活ではなかなか話す機会がない経験があるけれど，
病院や相談機関にカウンセリングを受けに行くほど日常生活に支障をきた
しているわけでもない,そういう人は意外と多いのではないかと思います。
そういう人たちが話せる，日常とカウンセリングの間に位置する，自分の
経験を物語れる，言葉を紡いでいける場所・仕組みを作れないか，と考え
ています。それが，親がいなくなって苦労した，そして心理士でもある自

分が，これからやっていきたいことだと感じています。

　苦難の経験は，抽象度を上げていくと，孤立感（ひとりぼっち），無援感（誰も助けてくれない），などの共通する感情経験があると思います。しかし，経験は個別です。自分の経験を他者に向けて語り，自分の納得のいく言葉や表現を探し，自分がどんな感情を経験したのかに思いを馳せて，他者と共通する感情経験があると気づく，そういうプロセスを経験することが，他の人とつながる基盤になる気がします。

　試みに，私のライフストーリーの文章化の，ある程度まとまった所までを知人に読んでもらった所，「自分の経験から遠い所も多いが，心象の部分では近いと感じる所もあり，interest の面白いを感じた」というコメントをもらいました。その人と私の経験は，違っている所は多いのですが，でもやはり似ている所もあるのだ，と感じられて，とても嬉しく思いました。

　つながりを感じられる社会は，きっと生きやすい社会だと思います。そしてそれは平和への一歩にもなるのではないか，とも思っています。

2．この経験を表す名前を探し，似た経験をしている若者の応援をする

　「10 代で両親との死別・離別を経験し，それに伴って相対的貧困も経験した」という私の経験を，これ以上コンパクトに言い表せる言葉は，今の所見つけられていません。ライフストーリーを文章化したものを出版し，似た経験をした人と出会い，自分の経験を表す名前を探したい，と思っています。

　また，私たちがどんなことでどう困ったのか，どう対処してきたかを共有し発信することで，今現に困っている若い人たちに，「あなたは１人ではない（You are not alone.）」「どうにかできる」「苦難を１人で長く耐え忍ばなくていい」と伝えていきたいと思っています。それは，何より私が「誰かにそう言ってほしかった」と願っていたことでもあります。そして，私たちが経験からくみ取ったことをベースにして，私たちの経験知の“その先”へ歩を進めてほしい，とも願っています。

　文　　　献
井内かおる・高松里（2010）親の死別・離別体験者についての当事者研究—その体験がどう影響しているのか．日本人間性心理学会第 29 回大会発表論文集，106-107.
白川美也子（2016）赤ずきんとオオカミのトラウマ・ケア—自分を愛する力を取り戻す［心理教育］の本．アスク・ヒューマン・ケア，p. 28.
高松里（2015）ライフストーリー・レビュー入門—過去に光を当てる，ナラティヴ・アプローチの新しい方法．創元社，p. 2.

第 20 章

沖縄戦を生きぬいた人びとの対話

世界が「平和」であるために

吉川麻衣子

　沖縄戦を生きぬいた人びとの「語らいの場」には，いろいろな対話があ␣りました。立場や地域，世代によって感じ方や捉え方の違いが生じ，対話を重ねるごとに自己の思考の深まりや拡がりが生まれました。と同時に，他者との関係性も変化してきました。本稿では「語らいの場」創造の経緯と対話の事例を示し，最後に対話によって世界平和がめざせるのかを考えていきます。なお，本稿に登場する人物名は全て仮名であり，本人の同意が得られた語りのみを掲載しています。

Ⅰ．沖縄という地で紡いできた「対話の場」

1．沖縄での戦争

　これまでに，戦争によってどれだけの尊い命を奪われ，人びとのこころにどれだけ深く長期にわたる影響を与えてきたのでしょう。「沖縄戦」は，1931 年の満州事変に始まり，1937 年の日中戦争，1941 年のアジア・太平洋戦争へと発展した歴史の延長線上にありました。1945 年 3 月 26 日には慶良間諸島へ，4 月 1 日には沖縄本島へ米軍が上陸しました。その後，約 3 カ月に及ぶ地上戦が展開された「沖縄戦」では，国籍や軍民の区別なく 20 万人以上の尊い命が失われました。沖縄では，当時の県庁や市町村に保管されていた公文書が戦争で焼失したため，戸籍簿での確認ができず正確な人数が把握できません。遺骨収集が今も続いており，2021 年度には 49 柱が収骨されています（沖縄県保護・援護課，2022）。

　2000 年，沖縄戦体験者 217 名に行った調査では，全体の 33.3％が「戦争の時のことを思い出して眠れなくなることがある」と回答していました（吉川・田中，2004）。2003 年，沖縄戦体験者 220 名に行った調査では，全体の 60.5％が「戦争中の夢を見ることがある」と回答し，全体の 69.1

％が「戦争体験によって多くのものを失ったと感じている」と回答していました（吉川，未公刊）。大切な人や想い出，財産，豊かな自然や風景などが失われたと当時を語る人びとのこころには，数値だけでは語りきれない痛みが残っているのだと感じます。

2．語り（モノローグ）から語り合い（ダイアローグ）へ

2003年の調査が終わり，調査参加者に研究結果をフィードバックする機会を設けました。結果を映したスライドを見ながら，各々が思い思いに口を開きました。

「大きな音がすると爆弾が落ちたかと思い動悸が高まって落ち着かない。何が原因か心配していたが，戦争の影響だったのかもしれないと知り，自分だけではなかったと知ることができて少し安心した。他の人はどんな気持ちで暮らしてきたのかね，話してみたいさ」と語るトミさん（享年98）は，爆撃の中を逃げ，ガマと呼ばれる自然壕に身を潜めながら沖縄戦を生きぬいた方でした。

「戦後は生きていくことに精一杯で，振り返る余裕が全くなかった。戦争での体験は誰にも語らず封印してきた。戦争で大変な思いをした人は私だけではなく大勢いたのは知っていた。けれど，互いに戦争の話は口にしなかった。時が経ち，間もなく人生を終えようとしている。生き残ってしまった我々は語っておく必要があるのではないかと思う」と語るゲンさん（享年90）は，軍国主義教育の影響を受け，意気揚々と学徒動員に志願し，多数の同期生を戦場で看取り，戦後は遺骨を収集し遺族へ届ける活動をされた方でした。

「『おばぁ，また戦争の話ばっかりして。子どもたちが怖がるから戦争の話はしないでね』と（同居する）娘に言われるわけ。『あのような戦争を二度と起こしてはいけないよ』と孫たちにも伝えておきたいと思って戦争の話をしているのだけど，嫌がられる。他の戦争体験世代の人たちはどうなのかね」と語るマサさん（90歳）は，本人以外の家族を戦争マラリアの被害で亡くしていました。

フィードバック会参加者の語りを聴いていると，「戦世を生きた人びとと語り合いたい」というニーズがあるのかもしれないと感じました。高齢になった体験者の焦りや怒り，寂しさが漂う個々の語りが，いつか安心できる場で語り合えるようになるといいと思いました。このフィードバック会を機に，地域で「語らいの場」を参加者と共創し，開催するようになりま

した（吉川, 2017）。一人ひとりの「こころの安全」を確保するために互いのペースを大事にすることをグラウンド・ルールとし，場所や時間，どのようなコンセプトの場にするかなどのことについては，参加希望者と話し合いながら決めていきました。73名が7つの地域に分かれて月1回開催される約3時間の語らいは，人びとの絶望と希望の物語を紡いできました。そして，多くの方の旅立ちを共にしました。18年目を迎えた2022年8月時点では，8名で対話を続けています。

II．語らいの場で交わる人びとの想いの対話

1．民間人と元アメリカ軍人

　ある地域では，70年前の戦時には決して相容れることができなかった人びとの交わりがありました。カメさん（享年97）とジョイさん（享年97）です。「あの時はアメリカ人を見たら捕虜になるより自決しなさいと言われていた」と語るカメさんは，砲弾の間隙を逃げた後，捕虜になった民間人でした。一方，ジョイさんは沖縄戦当時，米陸軍兵士でした。カメさんとジョイさんは共に1924年生まれで，沖縄戦当時は20歳でした。立場はまったく異なりますが，いずれも自己形成の大切な時期を戦争によって翻弄されました。

　ジョイさんは，「私のような立場の人間が参加してもいいものか」と躊躇しながら参加を決意した方でした。参加できたのは1年間のみでした。数回のセッションをかけてジョイさんは想いを語りました。「私たち兵士にとって軍の命令は絶対で，自分で何かを考えることはしないように訓練されていました。戦場では日本軍人を見たら殺めることが任務でした。無意識にそれを実行していた自分が怖い」と当時を振り返り，「沖縄戦では，軍人の中に軍服を着させられた一般人が混ざっていました。民間人と軍人との区別がつかなくなっていたために多くの沖縄人を殺めてしまいました。退役してしばらく経ち，戦時とはいえ，何の罪もない沖縄人を殺める行為に及んだことへの自責の念に駆られ，沖縄にやってきました。いつか沖縄の人に謝りたいと思いながら生きてきました」と大粒の涙をこぼしながら語った日がありました。

　その場に同席していたカメさんは，「あなたのような立場の人とこのような話ができるとは，70年前の私にはまったく想像ができなかったでしょうね。"鬼畜米兵"とあの時は信じていたのですからね。実は，ここで

初めてジョイさんに会った時，少し戸惑いました。日本語がお上手なので話そうと思えば話せたはずなのに声をかけられなかった。でも，あなたが泣きながら想いを語る姿を見て，立場はまったく違うけれど同じ人間なのだと思いました。当たり前なのですけどね。戦争に正義があるのか分からないが，多くの人びとが犠牲になったことは変えられない歴史の事実。でも，ジョイさんと私みたいに，国同士がこうやって対話できていたら，戦争など起きなかったのではないでしょうかね」と語りました。そのカメさんの語りに静かにうなずくジョイさんがいました。

2．戦争体験者と青年

語らいには，90代の戦争体験者と20代の大学生が交わることが何度かありました。語らいの場を始めた頃は，戦世を生きた同年代の者同士の語らいがしたいというニーズが強くありました。しかし，高齢になった体験者世代が次々に逝去する中で，「新しい形の語らいを始めたい」「若い世代の人との語らいがしたい」というニーズが表面化してきたのは，語らいの場が始まって12，3年が経過した頃でした。

ある地域で，戦争体験者3名と大学生3名が参加する語らいの場を開催しました。この語らいが生まれたのは，「戦争に青春を奪われた」と語る戦争当時20代だった体験者の話を勤務する大学の授業で紹介したことが契機でした。学生のひとりが家族に授業の話をしたところ，「私も戦争の時の話を聴いてもらいたい」と祖母が言ったのだそうです。その学生はそれまで祖母の戦争体験をちゃんと聴いたことはなかったそうです。「どちらかというと，戦争の話は気持ちが辛くなるだけなのであまり聴きたくないと思っていた」と話していました。

数日後，筆者は学生と共にその方に会いました。戦時，一緒に逃げていた家族が被弾して亡くなり，自分だけでも生き延びる選択をした11歳の幼い少女，つまり祖母の話を聴き，「おばぁがその選択をしなかったら，今の自分はこの世に存在すらしなかった」と気づいた学生は涙を流し「命の尊さってこういうことなのかも」と呟きました。この学生と祖母の提案で，世代が混在する語らいの場をその学生らが卒業するまで開催しました。

これからどう生きていくかを考える青年たちが自身のアイデンティティの迷いを語る場面が多く，その語りの中で「自分が悩んでいることなんて，戦争を体験された方々の苦悩と比べると……」という言葉がよく表出されました。ある日の語らいでは，その青年の言葉に対して，「人の苦しみや悩

みに重いも軽いもない。命さえあれば，悩み続けることができる。生きることを諦めないで欲しい」と体験世代が言葉をかける場面もありました。

約1年半の語らいが終了した後にインタビュー調査を行ったところ，青年にとって，人生の先輩方との語らいは，戦時下を生きぬいた逞しい生き様から人生を学ぶ時間になっていたことが明らかになりました。その意味で，世代間交流を主とする語らいは，「戦争体験の継承」に加え，青年の心理的成長にも寄与するのではないだろうかと考えます。

3．沖縄の現実から未来へ

2022年5月15日，沖縄県の施政権が日本に戻されて50年の節目を迎えました。いわゆる「日本復帰」の日です。この日も語らいの場が開催されました。沖縄は戦争が終焉した後，米軍統治下におかれました。以降，「復帰」のあり方や米軍基地をめぐり，たびたび分断を余儀なくされてきました。

1967年，琉球政府立前原高等学校では高校生によるクラス討論会が行われました。その様子を再編成したドキュメンタリー番組『オキナワ1967"沖縄18歳の発言"から55年』（日本テレビ，2022年8月8日）が放送されました。米軍統治下の苦しみや将来の沖縄に対する考えを率直な言葉でぶつけ合う姿がありました。戦後，沖縄では米軍関連の事件や事故が多発していた背景があり，「復帰」に際し，米軍基地の全面返還を求めるのか，経済的な面を考慮して基地を残した分離返還を求めるのかで議論が分かれていたのです。

「私たちは肉親を失い，それから色んな言論の自由も認められずに大変苦しい思いをしています。どうして日本の人は私たち沖縄も同じ日本人の血が流れていながらそう見捨てるんでしょうか。私はそういう見捨てた態度に我慢しきれません」と訴える高校生の眼光は，鋭く未来を見据えていました。2022年8月時点においても，住宅街に広がる普天間基地の危険性を除去するために，同じ沖縄本島の辺野古という地域に新基地を建設することをめぐり議論が続いています。県内で行われる選挙で毎回争点となるのは「基地問題」です。本土と沖縄との溝は77年前と何も変わっていないようにも感じます。

復帰50年目の日の語らいには，沖縄戦体験者3名と20代の参加者2名に加えて，前原高等学校の討論会に参加していたツネさん（73歳）が参加しました。語らいの中でツネさんは「沖縄から米軍基地がすべて無くなっ

たら，沖縄はどんな風になっているのだろうか」と 20 代の参加者に問いかけました。すると 20 代の参加者は，「沖縄から米軍基地がすべて無くなることは私が生きている間にはあり得ないと思う。米軍基地がなくなれば関連する事件や事故がなくなるし，沖縄戦を思い出して辛くなる方の想いが軽減するかもしれない。でも，誰が国や県のトップになろうとも現実は変わらないし，どんなに反対しても辺野古基地は建設されるのだと思う。だから，（基地と）共存する道を探していくしかないと思う」と答えました。

　その時，筆者は 2017 年にフィンランドで見学したアンティシペーション・ダイアローグ（以下 AD）を思い出していました。AD は，「聴く，話す，プランニングする要素のうち，最初の 2 つを未来の視点を入れてダイアローグし，そこで出された内容をもとに，視点を現在に戻して今後のプランを立てていく」（本山, 2017）ものです。「私たちは，どのぐらい先の未来の時期を設定して沖縄のことを考えていけるのだろうか」「対話で世界平和がめざせるのだろうか」ということがこの日の語らいの主なテーマになりました。この語らいはオープンエンドで閉会しました。場を立ち上げた当初は，誰にも話せなかった戦争での辛い体験や戦後の苦労が語られる場面がほとんどでした。時を経て，対話を重ねていくうちに，そこは未来を語る場となり，次世代に想いを託す場となっています。

Ⅲ. 対話による世界平和をめざした歩み

1. ウクライナ侵攻と沖縄戦

　沖縄戦の終戦直後,「ようやく昼夜を問わず空や海から砲弾が飛んでくることがなくなるのかと思うと安堵した。これから平和が訪れるのだと希望を感じていた」と語る方がいます。世界は今，当時の人びとが思い描いた「平和」が訪れているのでしょうか。

　2022 年 2 月 25 日，ロシア軍がウクライナの軍事施設に攻撃を始めました。その 2 日後に開催した語らいの場で，元兵士のカジさん（92 歳）が語った内容の一部を紹介します。「かつてドイツがポーランドに攻め入った頃，大陸で勃発した戦争（第二次世界大戦）のことなど全く気に留めていなかった。今日みたいに暖かい日は海に潜って呑気に遊んでいた。それから時が経ち，18 歳になった私は陸軍に志願した。南方での戦いのあと，沖縄戦に送られた。『家族と沖縄を守るために』という想いがあった。武器を手にしたウクライナの民間人が『自分たちの手で国を守るのだ』と言っ

ているのをテレビで観て，当時の自分と重なった」という内容でした。そうやって，戦争は突然身近にやってきてしまうのかもしれないと感じたカジさんの語りでした。

　また，沖縄県内の小学校で平和学習の講師を務めた時でした。児童の感想に，「世界では今，この瞬間にも戦争が起きているなんて信じられない。沖縄戦は過去のことだけど，ウクライナのことはリアルだ。戦争以外の方法はなかったのかと思う」とありました。書いたのは，両肘をついて時折窓の外を見ながら授業に参加していた児童でした。子どもたちは何でもないような顔をしながらも，不穏な世界情勢について随分いろいろなことを考えているのかもしれないと思いました。さまざまな文脈で「平和」が語られますが，仮に，戦争のない状態を「平和」だとすると，世界は今，「平和」だとは言えないのだと思います。

2．世界が「平和」であるために

　沖縄戦で傷ついた人びとのうち，自らの体験や想いを語らうことを望む人びと同士の対話を続けてきました。そして，若者世代を交えた未来語りの場を続けてきました。語らいの源泉には「沖縄戦の教訓」があります。「二度とあのような悲劇を繰り返してはならない」という想いで体験者は語り，筆者はそれをアドボケイトする意識をもって語り継ごうとしてきました。

　民主的な対話を続けることによって，「平和」な世界を構築することができるのでしょうか。沖縄の歴史を振り返った時，その問いに対してやや懐疑的になってしまいます。どんなに声を上げようとも，どんなに対話を続けようとも，民主主義の根幹である投票で決したとしても，新たな米軍基地が建設されるという現実は変わりませんでした。そのことが学習性無力感となり，若者が未来を語ることを躊躇する主たる要因になっているように思います。また，朝鮮戦争やヴェトナム戦争などの時，沖縄を基地にして戦争が行われていました。「空を見上げ，戦闘機が飛んでいくその先で，戦争で苦しむ人が出る。自分たちの体験が活かされない，そんな悲しいことはない」と語った方がいました。「またあの時と同じようなことが起きてしまうのではないか」と不安になる方が沖縄にはいるのです。心理的に「平和」であるためには，住んでいる地域や国，もっと広い意味で「世界が平和であること」が前提ではないだろうかと筆者は思うのです。

　一人ひとりの違いを尊重する多様性の考え方は，国と国との関係性にな

った途端に難しくなるように感じます。かつての戦争が起きた経緯や国の歴史を学び，悲しい過去も愚かな行為も忘れてしまわないように，かつての戦争で傷ついた人が語り遺したい想いを筆者は継いでいきたいと思います。そして，「遠い国で起きていることだと知らないふりをしていないでね，色んなやり方で声を上げ続けなさい。一人でこわかったら，誰かと共に対話をしなさい。命の大切さ（命どぅ宝）は沖縄戦の教訓。戦争などのために命を失わないで欲しい」と，ある日の語らいでアキラさん（享年100）は語りました。アキラさんは戦争でとても傷ついた方でした。絵空事や御伽噺のようだと笑われるかもしれませんが，子どもたちがこの素晴らしい故郷に生まれてよかったと思える，互いの幸せを願える，そんな世の中の創造をただただ切望しながら，私たちは対話を続けています。

　　文　　　献

本山智敬（2017）アンティシペーション・ダイアローグの実践現場から見えてきたもの．In：永野浩二・村山尚子・村久保雅孝ほか：対話の可能性を私たちはどう感じたか—AD/OD 研修会の報告．追手門学院大学心の相談室紀要，14，21-40.

日本テレビ（2022）NNN ドキュメント '22　オキナワ 1967 "沖縄 18 歳の発言" から 55 年．（2022 年 8 月 7 日放送）

沖縄県保護・援護課（2022）沖縄戦の遺骨収集状況．https://heiwa-irei-okinawa.jp/jouhou/ikotsu/（2022 年 8 月 15 日閲覧）

吉川麻衣子・田中寛二（2004）沖縄県の高齢者を対象とした戦争体験の回想に関する基礎的研究．心理学研究，75（3），269-274.

吉川麻衣子（2017）沖縄戦を生きぬいた人びと—揺れる想いを語り合えるまでの 70 年．創元社.

吉川麻衣子（未公刊）沖縄県における「戦争体験者中心の語り合いの場」の共創に関する研究—調査と実践の臨床心理学的・社会的・歴史的意義．九州産業大学大学院博士学位論文.

おわりに

編集の一人，村山正治です。

「おわりに」を読者のみなさまに読んでいただき，私たちの本書に賭けるチャレンジ精神をお伝えしたいのです。

本書は「ドリームプロジェクト」（第12章都能参照）の仲間たちが執筆しています。九重エンカウンター・グループのファシリテーター仲間です。毎年末クリスマスの頃，2泊3日の温泉合宿を組み，各人が来年度の自分の夢（ドリーム）を語り合い，相互理解と相互支援を目的とする対話や雑談会を楽しんでいます。雑談から新しいことが生まれてきます。

数年前，在外研究員として英国に滞在していた本山が，Zoom参加でODへの関心を話題にしました。たちまちODの発祥の地フィンランドのケロプタス病院へ研修に出かけることになりました。その体験が本書の第3章から第5章に文章化されています。PCAとOD/ADの相互理解の深い体験が生まれ，本書のテーマであるPCAとOD/ADの相互交流という世界でも珍しい挑戦がうまれ，著書として結実することになりました。

本書の内容のこと

本山智敬の「はじめに」を読んでいただくと，全体の構成が理解できます。PCA，OD/ADに関心のある方々だけでなく，対人援助職，広く対人コミュニケーションに関心があり，そこを深めたいと感じておられる方々に是非読んでいただきたいです。カウンセラー，セラピスト，ソーシャルワーカー，組織開発に取り組んでおられる企業や産業領域の方々・対人援助職コースの大学院生には是非読んでいただきたいです。

本書は3部構成20章編成になりましたが，それぞれの章は独立しています。読者の方の好みで，どの章から読まれてもきっとこころに響くものがあると信じています。それは執筆者各位がPCA，OD/ADの紹介やHow Toでなく，執筆者たちがそれぞれ自分の人生観，価値観に基づいたエッセイ，感想，体験を書いているからです。つまり，PCAやOD/ADを「生きている」からです。

・第1章・第2章

第1章は本山智敬がPCAのエッセンスモデル　第2章は村山正治が50年にわたる福岡人間関係研究会活動を中心に執筆しています。

・第3章・第4章

第3章本山智敬，第4章村山正治が執筆しています。二つのアプローチに出会ったプロセス，各特徴，共通点（相違点）が理解できます。二人の論点は一致しないところもあります。それでも共生できるところが「ドリプロ人」の特徴です。

・第5章

両アプローチの基本的なコンセプトの理解は相互理解にとって重要ですが，「難しい，抽象的」とお感じになった読者の方には第5章を読んでいただくと俄然OD/ADとPCAが身近に感じられると思います。各執筆者がそれぞれの視点から赤裸々に体験記を書いています。読んでいて，執筆者たちの肉声がじかに伝わっていき聞こえてくる気がするのは私だけでしょうか。PCAとOD/ADの共通点がしっかりからだに入ってきます。読者の皆さんもそう感じられると思います。

・第6章〜第9章

発展しつつある新しい事例検討法PCAGIP法の最新の動向と知見が村山により紹介されています。PCAGIPの実践家と研究者に役立つ説明が満載です。もっと驚くことは村山尚子がファシリテーターをつとめたPCAGIPのデモンストレーションが掲載されており，さらにその録画，逐語録，話題提供者の体験記やオブザーバーを含めた座談会を掲載しています。これも書籍として本邦はじめての企画であり，歴史的な意味とともに，新しい方法を学び検討する読者各人が自分のPCAGIP法の在り方を創造する貴重な資料になると確信しています。

・第10章・第11章

本山智敬によるPCAとADの共通点の抽出により，この2つのアプローチに橋が架けられています。これからの両アプローチの相互交流にふさわしい論稿です。永野浩二はADファシリテーター経験が豊富です。今回永野をファシリテーターとしてADのロールプレイを実施し，その録画と

逐語録，ファシリテーターの体験を掲載しています。これは日本 OD/AD 協会以外でははじめての企画であり，AD をこれから学習しようとする読者の方々には素晴らしい参考書になると確信しています。

　私どもが理論を学び体験でそれを確認し，さらに新しい在り方を創造していくプロセスをご覧いただきたいと思っています。

　第 12 章～第 20 章は執筆者たちのオリジナルな活動展開の物語です。新しいコミュニティ創造の試みと題した論文を集めました。私たちの新しい社会変革の活動であり，従来の個人心理療法のイメージ越えた「新しい静かな革命論」，一人ひとりが自分でできる社会変革の試みといって良い活動が展開されています。既成のさまざまなアプローチを学びながらそれを越える新しい"活動"を生み出す心意気があふれているのをお感じいただけると嬉しいです。

・第 12 章

　都能のドリプロ論は「本書の企画が生まれてくる創造の母体となっているコミュニティ」を記述しています。私たち仲間の活動の流れ，動きを生き生きと伝えてくれています。

　"ドリプロ論"は日本の組織を創造的に展開する一つの試みとして重要であり，読者の皆様に活用していただきたいです。「ドリプロは誰でも創れる」のです。是非挑戦していただきたいです。日本社会が変化していきます。

・第 13 章

　まず永野の書き方の流儀に私は惹かれました。

　「自己実現」が幸せな生き方・働き方の中心コンセプトと著者は主張しています。私もとてもうなずけます。マズロー，ロジャーズ，ジェンドリンなどヒューマニスティック心理学の提唱者が好むコンセプトです。そこまでは私も既存の知識として知っています。永野はその先から異なるのです。「私の自己実現の定義」から記述しているところが優れていて，永野流が生まれてきています。

　永野は「悩みは創造の原点である」と言っています。著者自身の 30 代から 40 代に入ってぶつかった悩みとその対話から新しい生き方の模索が生まれてきていることが興味深い。「個は普遍に通ずる」はカール・ロジャ

ーズや河合隼雄が説く真理探求のアプローチです。小説家などの文学作品がその例であり，臨床の事例研究もそのアプローチの一つです。

「一致」を永野流に定義しています。「フェルトセンス」などユージン・ジェンドリンの体験過程理論を学習していながら「かそけき声」「小さな一致」「自分の内面の声を聴く」ことは「コスパ」に追われる現代人が外の情報でなく，身体の情報，生きた自分のいのちの情報に触れる重要性を説いています。その実際は 140 頁に書かれていて，すぐに応用できます。

応援的環境の重要性，仲間の大切さは，特に弱さを出せる仲間の重要性は人生を生きるいのちであると考えるのが応援的環境という言葉で示されています。高松のコミュニティ論と共通する論考です。

永野は，優れた臨床家として高い評価を受けている一人ですが，そのことは第 11 章のデモンストレーションを読んでいただくと読者は納得していただけると確信しています。

・第 14 章

本章は高松・井内が新しい『コミュニティ第四空間』論を提唱しています。二人の経験から生まれた新しいコミュニティ論は注目に値します。結論はオルデンバーグのサードプレイス論（自宅，学校，職場の他に存在する，居心地のよい新しい居場所論の提唱）に対して，第四の「時限的コミュニティ」を提唱しています。エンカウンター・グループなど「九重 EG」「沖縄 EG」「自由音楽会」「ドリプロ」はいずれも時限的コミュニティです。本論で定義があるのでお読みいただきたいです。私からすると，静かなる革命論の証明であるように見えてきます。

ただお二人のスペイン巡礼，四国遍路，沖縄応援，と幅広い活動の記録を読んでいると，私自身も一緒に活動しているような感覚が生まれてくるのが不思議です。30 カ国以上の外国訪問や篠栗巡礼の会，音楽の定期ライブとその活動の広さに驚いてしまいます。

巡礼，遍路の世界の記述は読者も行ってみたい気持ちになると思います。

・第 15 章

本書の中では最も短い論文です。従来のベーシック EG と呼ばれている方式，小グループに分かれ，ファシリテーターを各グループに配置し，1 セッション 3 時間を 4 泊 5 日実施するというスタイルとは全く異なるのが「リビンググループ」です。

それは,「日常性とグループ体験を分離させない」とする村久保の主張を中心に展開されています。実は私は沖縄グループに参加したことはありません。かつての EG 体験者からのお便りで,沖縄グループに参加してよかったというお手紙をいただいています。私も 1 度参加してみたいです。これからの展開が楽しみです。

・第 16 章

平井はミネソタ大学大学院で博士号を取得。立命館アジア太平洋大学教授でキャリアデザインの専門家として活躍しています。①仕事だけでなく人生全体を扱う,②個人の中のさまざまなリソースや持ち味を活かす,③グループの相互作用を活用する,の 3 視点に着目したオリジナルな視点が輝いています。それは FCD(Future Career Dialogue)として開花し,新しい方法を開発しました。その具体的方法がていねいに書かれていて,実践可能です。

私には「AD や FCD,そして未来を描くさまざまな活動は私たちがもっと希望を持って生きられる未来への小さな社会革命である」の一文がとてもこころに響いてきます。世界の大変革期にいる人類に向けて新しいパラダイムづくりに大きく貢献できるアプローチです。今後,教育,産業,福祉などの領域で活用していける理念であり,ツールでもあります。私も平井のアイディアを活用して「ピカジップワーク」を展開したり,「ビジョンワーク」が現代人の自身の人生を拓いていく有望なワークの一つと感じています。キャリアカウンセリングなどの領域で有望なワークです。

・第 17 章

自由音楽会は 1 日だけの「時間(テーマ)コミュニティ」(広井良典)であり,高松里によれば「時限的コミュニティ」活動であります。

読者の方々が連想する「音楽の上手な人達が発表会を楽しむ会」ではなく「参加者それぞれがありたいようにそこにいる」ことを目的とする「音楽をこころから楽しむ会」です。

村山尚子が中心となるハンドベルチーム 11 名が基幹チームとなり,高松里・北田朋子・木村太一ら音楽セミプロ級の共創によるコミュニティです。

家族ぐるみ,子どもたちの参加,楽器持ち寄りの演奏家から私のような,まったく楽器もなく,ただ昔の演歌をうたうだけで,後はカスタネットを

振って遊んでいる者もいます。

　論文全体は分かりやすく，当日の演奏風景，会場と全体のコンステレーション図，さらに参加の人々とのつながり図まで出てきて，気楽に楽しめる文章です。

　読者に注目いただきたい点は，村山尚子が参加者のアンケートを KJ 法で分析した結果です。これは音楽会全体の母体である福岡人間関係研究会のエンカウンター・グループ参加者体験の分析と共通点が多く，驚いてしまいました。この 11 項目のコンセプトは私たちが目指している，これからの日本社会が動いていくあり方を提示しています。これは静かな革命の方向，人間のあり方を示しています。

・第 18 章

　西木は私たち「ドリプロ」仲間では臨床心理出身ではなく，「企業コンサルタント」という異色のオーラを発散している仲間です。珍しく産業界で PCA の理念にもとづいて活動を展開されていて，学ぶところが大きいです。すでに「PCA アメーバ論」とか「PCAGIP 愛」ワークを創案されていて，私にはとても刺激的です。

　冒頭で私の不案内なマネージメント論の紹介からはじまり，日本の産業界の抱える課題に一気に切り込んでいき歯切れが良いです。私が刺激された点は，産業界のエンゲージメント調査（2017）の世界調査で世界 139 カ国中 132 位という日本の弱体化が指摘されていることでした。これは教育領域の世界調査でも同じように日本は低順位の結果が出ていて，改めて日本の社会が大改革を必要としていることがわかります。

　西木はこの問題，特に産業組織の変革に「PCAGIP 愛ワーク」と PCA 理念によるある地域の生協の改革に取り組んでいます。西木の PCA 理解のポイントは，PCA アメーバ論に集約されます。PCA は一つの技法ではなく，理念であり，目的であり，固定した形式にとらわれずアメーバのようにさまざまに形を変えて時代・分野に応じた取り組みをなされていくと考えておられる。とても柔軟な発想です。

　その結果，PCAGIP 法をヒントにして，産業界の組織変革に活用できる 6 ステップのピカジップ愛（PCAGIP & AI）を考案，実践をして成果をあげています。産業界の方々は是非（182-184 頁）を読んでいただき，会社組織の変革に活用していただきたい。具体的で実現しやすいと思います。またある地域生協職員の「自己実現の応援」としての研修を展開している

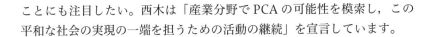

ことにも注目したい。西木は「産業分野でPCAの可能性を模索し，この平和な社会の実現の一端を担うための活動の継続」を宣言しています。

・第19章

　私は井内が徹底して「自分を語る」魅力と迫力に惹きつけられてしまいました。井内が自戒をこめて「心理臨床の専門家たちは自分を語らないことが援助的と考える傾向がある」と指摘しています。井内は高松と出会い，はじめて十分に聞いてもらえた時，これからの自分の生涯の仕事として「日常とカウンセリングの間に位置する自分の経験を語る場所をつくりたい」（193頁）と書いています。

　もう一つ井内・高松の重要な体験「2019年スペイン巡礼中に井内が骨折し，多くの好意や手助けを浴びるように受けたことで『誰も頼らない』という頑なな気持ちが解けて，親がいなくなった経験がようやく過去になった」と書いています。

　「孤立無援感」は井内のみでなく，英国でも孤独問題担当を創設していますし，日本でもこども家庭庁が社会問題として行政が取り組んでいく姿勢を示しています。

　著者達の活動の展開とライフストーリー・レビューの発展に心から拍手を送ります。

・第20章

　私たちの仲間の吉川が，活動の中で，戦争解決の手段に戦争ではなく“対話の場”を創設しながら人類の悲願である平和の構築に18年間も活動されてきたことに心から敬意を表します。論文を読んで迫力を感じたのは，民間人と元アメリカ軍人，若い世代，大学の授業などで幅広い層と接触し，その生の声を収録していることです。生の人間の心の叫びが私にも響いてくるからです。

　著者の平和を求める活動は，新しいアプローチを創造していると感じます。それは調査データ・沖縄の現状レビュー・対話コミュニティの創造と生データの収録・調査結果のフィードバックなどです。このアプローチから「カメさん」「ジョイさん」の対話「立場は違うが同じ人間だ」（198頁）という語りが生まれています。対話の持つ大きな力が読み取れます。

　一方，研究者としての視点から「民主的な対話を続けることによって，平和の構築ができるのか」と著者自身に問いかけています（201頁）。し

かし著者は諦めません。アキラさん（100歳）の生の声を紹介し、「お互いの幸せを願える世の中の創造をただただ切望しながら私たちは対話を続けています」と締めくくっています。できることで応援したい気持ちが起こってきます。

「おわりに」を書いてよかったこと

今回の「おわりに」の役割は、初校の校正刷を短い時間に本全体を読み込んで味わうという仕事になってしまいました。これは確かにハードでしたが、予想外だったことは、私が仲間達の仕事や生き方をさらに理解する大きな機会になったことです。私は意外と身近にいる仲間のことを知らないことを改めて実感しました。これは役得です。例えば永野の40歳の悩みなど気づいていませんでした。仲間も私も変化のプロセスを生きていることを改めて実感しました。

本書編集には3人の編集者、論文執筆者、特に北田朋子・芦谷将徳の2人がご協力くださり刊行にこぎつけることができました。出版事情がきびしいことを熟知しながら本書の思想と価値を理解し刊行を承諾していただいた山内社長と編集担当者の塩澤さんにこころから感謝します。

2023年6月16日

村山正治

さくいん

動画および資料の配信について

　本書の付録として，動画と逐語資料をご覧いただけます。動画は閲覧のみ，逐語資料はダウンロードが可能です。

　配信内容および URL は以下の通りです。

第 6 章　動画で見る PCAGIP の実際

・村山正治の解説動画（約 30 分）

https://vimeo.com/tomishobo/8573868042702c074ea

第 7 章　PCAGIP の事例

・動画（約 30 分）

https://vimeo.com/tomishobo/857381807c02ffa1a1a

第 11 章　アンティシペーション・ダイアローグの事例

・動画：ショートバージョン（約 30 分）

https://vimeo.com/tomishobo/857767387bda7fcd339

・動画：ロングバージョン（約 70 分）

https://vimeo.com/tomishobo/857349851cce8ba284f

　ショート　　　　　ロング

第 7 章・逐語資料／第 11 章・逐語資料（ショートバージョン／ロングバージョン）＋上記動画ファイルの URL リンク集

https://tomishobo.stores.jp/items/64eda1f44c088e00325b2832

（この URL は，「遠見書房の書店」https://tomishobo.stores.jp/ のサイトにリンクをしています。このサイトから逐語の資料と動画のリン

ク集がダウンロードできます。左の QR コードを使うか，サイト左上の検索ボタン（虫眼鏡のようなアイコン）を押して，「PCA と OD 資料」と検索し，0 円で購入をしてください。手順に沿ってダウンロードができたら，ファイルをクリックします。パスワードを要求される場合は，mura88 を入力してください。うまく行かない場合は，弊社 tomi@tomishobo.com までご連絡をください。）

注意事項：
・これらの動画や資料は，本書を購入されたご本人のみ利用できます。第三者への本データの販売，譲渡，共有，本データをウェブサイトや SNS などで不特定多数の方がアクセスできるようにすること等は固く禁止します。
・本書の購入者が，営利目的ではなく，授業や研修会，学会等で利用する場合，あるいはウェブサイトや印刷物の一部として利用したい場合等は，事前に遠見書房（tomi@tomishobo.com）までお問い合わせください。
・配信される動画および逐語資料は，都合により内容を変更したり配信停止となる場合があります。ご了承ください。

執筆者一覧（* は編者）
本山　智敬（もとやま・とものり：福岡大学）*
永野　浩二（ながの・こうじ：追手門学院大学）*
村山　正治（むらやま・しょうじ：九州大学名誉教授）*

芦谷　将徳（あしや・まさのり：福岡大学）
井内かおる（いのうち・かおる：福岡市こども総合相談センター）
北田　朋子（きただ・ともこ：東亜大学）
高松　里（たかまつ・さとし：NPO ライフストーリーバンク）
都能美智代（つのう・みちよ：「かまんや」主宰）
西木　聡（にしき・さとし：株式会社 ウエストウッド・コンサルティング）
平井　達也（ひらい・たつや：立命館アジア太平洋大学）
村久保雅孝（むらくぼ・まさたか：佐賀大学）
村山　尚子（むらやま・なおこ：心理教育研究所赤坂）
吉川麻衣子（よしかわ・まいこ：沖縄大学）

編著者略歴

本山智敬（もとやま・とものり）
大分県生まれ，福岡大学人文学部教授。修士（人間環境学）。公認心理師・臨床心理士。
主な著書：『ロジャーズの中核三条件　一致　カウンセリングの本質を考える1』（編著，創元社，2015），『私とパーソンセンタード・アプローチ』（分担執筆，新曜社，2019），『エンカウンター・グループの新展開　自己理解を深め他者とつながるパーソンセンタード・アプローチ』（編著，木立の文庫，2020）ほか

永野浩二（ながの・こうじ）
福岡県生まれ，追手門学院大学心理学部教授，修士（教育学）。臨床心理士，公認心理師。
主な著書：『パーソンセンタード・アプローチの挑戦　現代を生きるエンカウンターの実際』（共著，創元社，2011年），『ロジャーズの中核三条件　共感的理解　カウンセリングの本質を考える3』（共著，創元社，2015），『フォーカシング健康法　こころとからだが喜ぶ創作ワーク集』（共著，誠信書房，2015）ほか

村山正治（むらやま・しょうじ）
東京都生まれ，京都大学大学院教育学研究科博士課程修了，博士（教育学）。ロジャーズ研究所（CSP）留学，九州大学教育学部長，学校臨床心理士WG代表を歴任。九州大学名誉教授，東亜大学名誉教授。臨床心理士。
主な著書：『ロジャーズをめぐって』（単著，金剛出版，2005），『スクールカウンセリングの新しいパラダイム』（単著，遠見書房，2020），『どこへ行こうか，心理療法』（共著，創元社，2022），『私のカウンセラー修行』（単著，誠信書房，2023）ほか

パーソンセンタード・アプローチとオープンダイアローグ
対話・つながり・共に生きる

2023年9月25日　第1刷

編　者　本山智敬・永野浩二・村山正治
発行人　山内俊介
発行所　遠見書房

〒181-0001 東京都三鷹市井の頭2-28-16
TEL 0422-26-6711　FAX 050-3488-3894
tomi@tomishobo.com　http://tomishobo.com
遠見書房の書店　https://tomishobo.stores.jp

印刷・製本　モリモト印刷

ISBN978-4-86616-181-5　C3011